RAUS

Jan. 2005

Projektmanagement

Prof. Dr. Hans-D. Litke
Dr. Ilonka Kunow

4. Auflage

Haufe

Bibliografische Information der deutschen Bibliothek
Die Deutsche Bibliothek verzeichnet diese Publikation in der Deutschen Nationalbibliografie; detaillierte bibliografische Daten sind im Internet über http://dnb.ddb.de abrufbar.

ISBN 3-448-06122-0
Bestell-Nr. 00669-0004

1. Auflage 1998 (ISBN 3-86027-190-3)
2., durchgesehene Auflage 2000 (ISBN 3-86027-339-6)
3., überarbeitete Auflage 2002 (ISBN 3-448-04868-2)
4., durchgesehene Auflage 2004

Niederlassung Planegg/München
Postanschrift: Postfach, 82142 Planegg
Hausanschrift: Fraunhoferstraße 5, 82152 Planegg
Fon (0 89) 8 95 17-0, Fax (0 89) 8 95 17-2 50
E-Mail: online@haufe.de
Internet: www.haufe.de
Lektorat: Dr. Ilonka Kunow
Redaktion: Sylvia Rein

Satz + Layout: WerbeAgentur S6 GmbH, 82166 Gräfelfing
Umschlaggestaltung: Agentur Buttgereit & Heidenreich, 45721 Haltern am See
Titelbildrechte: Stock Market, 40221 Düsseldorf
Druck: freiburger graphische betriebe, 79108 Freiburg

Zur Herstellung der Bücher wird nur alterungsbeständiges Papier verwendet.

TaschenGuides – alles, was Sie wissen müssen

Für alle, die wenig Zeit haben und erfahren wollen, worauf es ankommt. Für Einsteiger und für Profis, die ihre Kenntnisse rasch auffrischen wollen.

Sie sparen Zeit und können das Wissen effizient umsetzen:

Kompetente Autoren erklären jedes Thema aktuell, leicht verständlich und praxisnah.

In der Gliederung finden Sie die wichtigsten Fragen und Probleme aus der Praxis.

Das übersichtliche Layout ermöglicht es Ihnen sich rasch zu orientieren.

Anleitungen „Schritt für Schritt", Checklisten und hilfreiche Tipps bieten Ihnen das nötige Werkzeug für Ihre Arbeit.

Als Schnelleinstieg die geeignete Arbeitsbasis für Gruppen in Organisationen und Betrieben.

Ihre Meinung interessiert uns! Mailen Sie einfach unter online@haufe.de an die TaschenGuide-Redaktion. Wir freuen uns auf Ihre Anregungen.

Inhalt

Vorwort

Warum scheitern so viele Projekte?

Projekte sind nicht nur innovativ und mit hohen Investitionen verbunden, sondern beinhalten auch viele Unsicherheitsfaktoren, die sie schwer kalkulierbar machen. Hinzu kommt, dass die Projektarbeit im Team erfolgt und von allen Beteiligten besondere Befähigungen verlangt. Jedes komplexe Projekt in einem Unternehmen sollte daher besonders sorgfältig geplant, überwacht und gesteuert werden.

Mit dem richtigen Management können Sie Ihr Projekt auf die Erfolgsstraße bringen. Das vorliegende Taschenbuch klärt Sie praxisnah über die Grundlagen, Chancen und Risiken von Projektmanagement auf. Sie erfahren, wie Sie als Projektleiter oder Projektleiterin vom Start bis zur Abschlusskontrolle erfolgreich agieren und Fehlentscheidungen vermeiden können, wie Sie Ihr Team organisieren, es während des gesamten Projektverlaufs im Griff halten und Konflikten rechtzeitig entgegensteuern können. Viele Checklisten, Beispiele und Tipps liefern Ihnen ergänzende Anregungen.

Viel Erfolg bei Ihrem anstehenden Projekt wünschen Ihnen

Professor Dr. Hans-Dieter Litke, Dr. Ilonka Kunow

Hinweis: Wenn wir im Folgenden nur von Projektleitern und Mitarbeitern sprechen, tun wir dies lediglich aus Gründen der besseren Lesbarkeit. Selbstverständlich sind immer auch Projektleiterinnen und Mitarbeiterinnen gemeint.

Wozu Projektmanagement?

Was ist ein Projekt?

Projekte gibt es, seit es Ideen gibt. Der Bau der Pyramiden in Ägypten vor über 4500 Jahren oder die Erfindung der Alphabetschrift im antiken Griechenland – beides Vorhaben von beachtlicher Größe, Innovationskraft und erheblichem physischen bzw. kognitiven Aufwand – können durchaus als erfolgreiche historische Projekte bezeichnet werden.

Heute begegnen wir Projekten in allen Bereichen unserer Lebenswelt: in Forschung und Wissenschaft, im kulturellen Bereich, in der Politik, aber auch im privaten Bereich. Vorhaben wie der Bau einer ICE-Trasse, die Wiedereinbürgerung des Luchses im Bayrischen Wald oder der private Hausbau stellen alle – so unterschiedlich ihre Inhalte auch sind – Projekte dar.

In einem Unternehmen sind es meist große, innovative Kundenaufträge, die zum „Projekt" erklärt werden und einen besonderen Stellenwert erhalten. Projekte müssen jedoch nicht zwangsweise mit einem Auftrag verbunden sein. Auch firmeninterne Innovationen wie zum Beispiel die Einführung einer Workgroup-Software oder die Ausweitung der Öffentlichkeitsarbeit auf das Internet können Projektcharakter haben.

Wie Projekte üblicherweise definiert werden

All diesen Vorhaben ist gemeinsam, dass sie ein innovatives Ziel verfolgen und eine umfassende Problemstellung aufweisen. Meist kann die gestellte Aufgabe nur fachübergreifend und außerhalb des Routineablaufs bearbeitet werden. Der Aufwand für Projekte kann beträchtlich, ihre Abwicklung mit hohen Kosten und dem Einsatz mehrerer Mitarbeiter verbunden sein. Doch niemand wird immer weiter in ein Projekt investieren, wenn nichts dabei heraus kommt. Daher sind Projekte erstens an einen begrenzten personellen und finanziellen Rahmen gebunden und unterliegen zweitens einer Kosten- und Erfolgskontrolle. Und drittens gilt: Nur ein Projekt, das auch (termingerecht) zu Ende geführt wird, ist ein gutes Projekt.

Merkmale eines Projekts

- komplexe, innovative, einmalige Aufgabenstellung,
- Abgrenzung gegenüber (Routine-)Tätigkeiten,
- formulierte Zielsetzung,
- finanzieller und personeller Rahmen (geplante Ressourcen),
- zeitliche Begrenzung: definierter Start und geplantes Ende,
- fachübergreifende Zusammenarbeit mehrerer Mitarbeiter oder Abteilungen,
- eigene Organisationsform,
- externer oder unternehmensinterner Auftraggeber,
- Überwachung durch Kontrollinstanzen.

Auch die DIN-Norm 69901 definiert ein Projekt als Vorhaben, das „im Wesentlichen durch die Einmaligkeit der Bedingungen in ihrer Gesamtheit gekennzeichnet ist, wie z. B. Zielvorgabe, zeitliche, finanzielle, personelle und andere Begrenzungen, Abgrenzung gegenüber anderen Vorhaben, projektspezifische Organisation."

Und was ist das Entscheidende?

Der Erfolg eines Projekts ist von vielfältigen Faktoren abhängig; dazu gehören etwa Unternehmenspolitik, technische Risiken, Konflikte im Team oder nachträgliche Änderungswünsche des Auftraggebers. Auch wenn Sie nicht alles in der Hand haben, können Sie dennoch einem negativen Projektverlauf vorbeugen. Denn viele Fehler lassen sich vermeiden, wenn man für die Risiken, die in der Projektarbeit liegen, sensibilisiert ist und sie richtig einzuschätzen weiß. Unserer Ansicht nach sind es vor allem folgende fünf Punkte, die ein Projekt wirklich anders machen, und die Sie bei der Erfüllung Ihrer Aufgaben zentral im Blick behalten müssen:

1 Projekte sind komplex.

2 Die Bearbeitung der Projektaufgaben erfolgt meistens im Team.

3 Der Lösungsweg ist häufig nicht vollständig klar und planbar.

4 Projekte liegen außerhalb der Routinetätigkeit.

5 Projekte sind meist kostenintensiv, wobei ihr Ausgang nicht selten ungewiss ist.

1 Projekte sind komplex

Offene Märkte, steigender Konkurrenzdruck, schlanke Strukturen und immer kürzere Lebenszyklen von Produkten bestimmen den Wettbewerb kurz vor der Jahrtausendwende. Aber auch eine zunehmende Spezialisierung und der wachsende Bedarf an Information gehören zu den Bedingungen, unter denen ein Unternehmen seine Aufgaben heute erfüllen muss. Im Zuge dieser Entwicklungen werden auch die Aufträge selbst immer komplexer. Dass innovative Projekte besonders anspruchsvoll sind, leuchtet sofort ein, wenn man etwa an den Aufwand denkt, der nötig ist um ein Produkt zu entwickeln und auf den Markt zu bringen – hierzu muss Spezialwissen aus den verschiedensten Gebieten zusammengeführt werden.

▪ *Es wird für die Unternehmen immer wichtiger ihre Projekte auch effizient, effektiv und kostengünstig durchzuführen und zu einem erfolgreichen Abschluss zu bringen.* ▪

2 Bearbeitung im Team

So kommen in einem Projekt Menschen aus höchst unterschiedlichen Bereichen zusammen, die in verschiedenen Fachgebieten qualifiziert sind, über reichlich Know-how, oft aber auch ganz unterschiedliche Denkmuster verfügen. Sie werden nicht nur mit anspruchsvollen Sachaufgaben betraut, sondern müssen auch zusammenarbeiten. Projektarbeit ist also ohne Teamarbeit kaum möglich. Und Teamarbeit ist nicht etwa nur eine Frage der richtigen Organisation oder Aufgabenverteilung – es muss auch auf der zwischenmenschlichen Ebene klappen. Jeder Mitarbeiter sollte in der Lage sein seine Einzelleistung in das Team einzubringen und seine persönlichen Ziele dem Projektziel unterzuordnen. Als Projektleiter sind Sie daher besonders mit der psychologischen Führung des Teams sehr gefordert.

■ *„Projekte scheitern nicht an der Technik, sondern an Menschen." Dieses Zitat von Tom de Marco sagt bereits alles über den hohen Stellenwert des Projektteams aus.* ■

3 Ein diffuser Lösungsweg

In einem Projekt haben Sie zwar zu Beginn ein klares Ziel, was das große Ganze betrifft. Aber das heißt noch nicht, dass Sie wissen, was im Einzelnen auf Sie zukommt. Als verantwortliche Führungskraft müssen Sie dennoch Planungsentscheidungen treffen und Strategien für die Durchführung des Projekts entwerfen. Im Verlauf des Projekts werden Sie aber immer wieder mit unbekannten Variablen konfrontiert, auf die Sie flexibel reagieren können müssen; Schwierigkeiten tauchen auf, die anfangs noch nicht einzuschätzen waren.

Gerade eine fachübergreifende Teamarbeit birgt jedoch die Chance, dass Probleme erstmals definiert oder auch anders beurteilt werden – und damit etwas Neues entsteht. Das ist, wie wenn vier Musiker eine moderne Komposition aufführen wollen und nach einigen Proben erst feststellen, dass nicht die Spieltechnik, das Tempo oder der Zusammenklang der Instrumente das Problem ist, sondern ihre jeweils unterschiedliche Auffassung, wie das Stück zu interpretieren ist.

4 Abschied von der Routine

Dies zeigt: Projekte stellen alle Beteiligten vor besondere Herausforderungen. Nicht umsonst erfordert Projektarbeit von allen Mitarbeitern mehr Anstrengung und Kreativität als die tägliche Routinearbeit; die Beteiligten müssen bereit sein, über ihren Tellerrand hinaus zu sehen. Projekte sind zwar einerseits sehr spannend, erfordern aber auch immer den Willen sich von den üblichen Wegen zu verabschieden.

▪ *Da sich die Anforderungen in einem Projekt deutlich von der täglichen Routinearbeit abheben, sollten Projekte auch nach eigenen Gesetzmäßigkeiten bearbeitet werden.* ▪

5 Projekte sind meist kostenintensiv und haben einen ungewissen Ausgang

Viele Projekte sind mit hohen Investitionen verbunden. Oft werden sie sogar noch teurer, als zu Beginn veranschlagt wurde. Scheitert ein Projekt dann, bedeutet das in jedem Fall einen hohen Verlust für das Unternehmen. Faktoren wie eine innovative Entwicklung, die Anwendung einer noch unausgereiften Technik, Einstellung neuen Personals oder Kosten für eine externe Beratung vermehren die Risiken. Auch die Frage: „Werden wir rechtzeitig fertig?" setzt in manchen Projekten die Beteiligten gehörig unter Druck.

Beispiel

Wie Projektmanagement erfunden wurde

Schon seit den 50er Jahren gibt es Bestrebungen, mit besonderen Führungsinstrumenten Projekte besser in den Griff zu bekommen. In den USA etwa suchte man nach neuen Wegen, hochkomplexe nationale Projekte wie das NASA-Raumfahrtprogramm zu steuern. Es zeigte sich, dass solche Forschungs- und Entwicklungsvorhaben – die über gigantische finanzielle und personelle Ressourcen verfügten – nicht mehr mit den herkömmlichen Methoden zu organisieren und zu leiten waren; immer wieder traten Defizite in der Steuerung zutage, die sich vor allem in Termin- und Kostenüberschreitungen offenbarten. Die US-Luft- und Raumfahrtindustrie setzte schließlich erstmals Maßstäbe für eine systematische Planung, Konzeption und Abwicklung großer Projekte. Allmählich wurden die entwickelten Instrumentarien auch an die Gegebenheiten anderer Branchen angepasst. So wurde vor etwa 40 Jahren der Begriff des Projektmanagements geprägt.

Was dieses Beispiel zeigt, gilt nicht nur für Riesenprojekte, sondern auch für die „normale" Unternehmenspraxis: Die Besonderheiten eines Projekts erfordern sinnvollerweise ein spezielles Führungskonzept. Projektmanagement (im Folgenden PM) kann hier der Schlüssel zum Erfolg sein. Es unterstützt Sie mit verschiedenen Methoden und hilft Ihnen Ihr Projekt erfolgreich durchzuführen.

Wann ist Projektmanagement sinnvoll?

Ab wann eine Aufgabe oder ein Auftrag eher Projekt als Routine ist, wird sicherlich in jedem Unternehmen unterschiedlich bewertet.

- In manchen Betrieben wird jeder Auftrag als Projekt behandelt, der nur etwas von der Routine abweicht. Und wenn alles zum Projekt erklärt wird, und sei es auch eine noch so kleine Leistungserstellung, dann herrscht in diesem Unternehmen die „Projektitis".

- Für manche mag alles, was sie bisher gemacht haben, ein Projekt gewesen sein – auch wenn sie noch nie mit systematischen Projektmethoden gearbeitet haben.

- Mancherorts scheut man den Einsatz von Projektarbeit oder PM prinzipiell. Denn damit ist nicht nur eine Um- oder Neustrukturierung betrieblicher Abläufe verbunden, sondern es können auch erhebliche Kompetenzverschiebungen notwendig werden (ab Seite 22).

- Für hoffentlich eine Minderheit gibt es erst gar keine Projekte, weil alles auch „irgendwie so läuft".

Machen Sie sich klar: Um ein Projekt handelt es sich eigentlich schon dann, wenn auf Ihr Unternehmen oder Ihre Abteilung eine mehr oder weniger komplexe und innovative Aufgabe zukommt, die mit den bisherigen Strukturen, Methoden und Bearbeitungswegen nicht wirklich effizient erledigt werden kann. Die folgende Checkliste kann Ihnen helfen, zu entscheiden, ob Sie vor einer solchen Aufgabe stehen. Je öfter Sie die Fragen mit „Ja" beantworten, umso eher sind PM-Methoden für Sie geeignet.

Checkliste: Projektmanagement – ja oder nein?

	Den Auftrag projektorientiert bearbeiten?	JA	NEIN
1	Wir standen noch nie vor einer vergleichbaren Aufgabe.	❑	❑
2	Der Lösungsweg ist sehr diffus.	❑	❑
3	Das Problem ist noch nicht vollständig definiert.	❑	❑
4	Es handelt sich um eine innovative Entwicklung.	❑	❑

5	Die Aufgabe hat interdisziplinären Charakter.	❑	❑
6	Die Aufgabe/der Auftrag ist sehr komplex.	❑	❑
7	Der Auftrag zerfällt in mehrere Einzelaufträge, die aber alle zusammenhängen.	❑	❑
8	Es sind unterschiedliche Fachabteilungen betroffen.	❑	❑
9	Für den Auftrag müssen eigens Mitarbeiter in Voll- oder Teilzeit abgestellt werden.	❑	❑
10	Der Erfolg hängt wahrscheinlich mehr von der guten Zusammenarbeit im Team ab als von den Leistungen genialer Einzelkämpfer.	❑	❑
11	Es werden Besprechungen und Teamsitzungen zwischen allen Beteiligten notwendig sein.	❑	❑
12	Der Auftrag sollte vernünftigerweise durch eine Führungskraft intensiv betreut werden.	❑	❑
13	Die Leitung sollte jemand übernehmen, der sich voll auf diese Aufgabe konzentrieren kann.	❑	❑
14	Die Erfüllung des Auftrags wird sich über einen längeren Zeitraum erstrecken.	❑	❑
15	Der Auftrag hat ein großes Volumen.	❑	❑
16	Der Auftrag beinhaltet auch ein relativ hohes finanzielles Risiko.	❑	❑
17	Der Auftraggeber ist nicht nur wichtig für uns, sondern arbeitet selbst projektorientiert.	❑	❑
18	Von einer erfolgreichen Auftragsausführung hängt unternehmenspolitisch viel ab.	❑	❑
19	Die Konkurrenz arbeitet bereits mit Projektmanagement.	❑	❑
20	Die beteiligten Führungskräfte und Mitarbeiter sind weitgehend offen für neue Wege.	❑	❑

Was gehört zum Projektmanagement?

Um diese Ziele geht es

Das „magische Dreieck" veranschaulicht die drei zentralen Ziele des PM, die Sie immer im Blick behalten müssen. Wird eines dieser Ziele nämlich gefährdet, wirkt sich das auch auf die anderen aus.

Das magische Dreieck des Projektmanagements

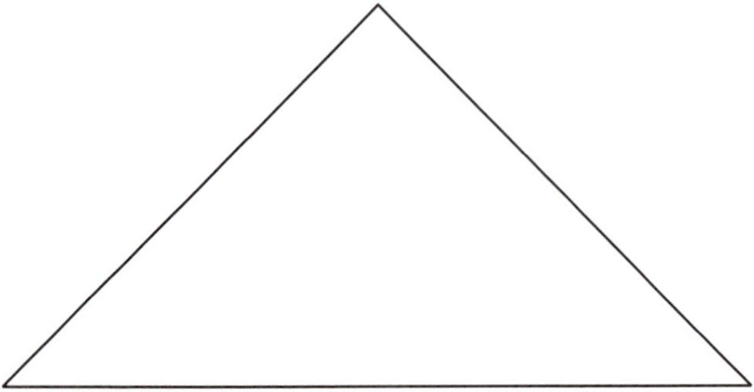

Kippt eines der Hauptziele des Projektmanagements, sind die anderen Ziele mitbetroffen.

Projektmanagement ist ein umfassendes Führungskonzept, das ermöglichen soll, komplexe Vorhaben termingerecht, kostengünstig und mit hoher Qualität durchzuführen.

Diese Aufgaben kommen auf Sie zu

Jedes Projekt verläuft idealtypisch in vier Phasen:

1 Vorlauf,

2 Planung,

3 Durchführung,

4 Kontrolle.

Diesem Ablauf entsprechend fallen im PM folgende vier Aufgabenschwerpunkte an:

1 **Anforderung:** Der Vorlauf des eigentlichen Projektgeschehens. In dieser Phase erledigen Sie alle Tätigkeiten, die erforderlich sind, um das Projekt starten zu können.

2 **Planung:** Kann als Teil der Vorbereitung eines Projekts gesehen werden, fällt aber auch während der Durchführungsphase an. Hier findet die Detailplanung statt, die der organisatorischen und inhaltlichen Vorbereitung des Projekts dient.

3 **Steuerung:** Das Kernstück des PM. Während der gesamten Laufzeit halten Sie als Projektleiter Ihr Projekt mit den geeigneten Steuerungsinstrumenten „im Griff". Dazu sollten Sie ständig Ist-Daten ermitteln, die Sie den Daten Ihrer Planung gegenüberstellen. In dieser Phase kommt es besonders auf Ihre Führungsqualitäten an.

4 Kontrolle: Sie dient dazu regelmäßig Bilanz über den Projektverlauf in allen seinen Einzelaspekten zu ziehen. Die Kontrolle ermöglicht es bei unerwünschten Entwicklungen korrigierende Eingriffe vorzunehmen. Eine wesentliche Voraussetzung für eine erfolgreiche Kontrolle ist die Information und Abstimmung zwischen allen Betroffenen und Verantwortlichen.

Die idealtypischen Projektphasen entsprechen nicht 1:1 den Aufgabenschwerpunkten des Projektmanagements. Planende Aktivitäten etwa fallen sowohl in der Vorbereitungsphase als auch während der Durchführungsphase an.

Dafür tragen Sie Verantwortung

Als Führungskraft im PM tragen Sie die Verantwortung für

- Termine,
- Inhalte,
- Personal,
- Finanzierung bzw. Budget.

Die Verantwortung für Projekte kann dabei – je nach Größe des Unternehmens und Anzahl der laufenden Projekte – auf zwei unterschiedlichen Führungsebenen angesiedelt sein:

- Der **Projektleitung** bzw. dem **Projektleiter** kommt die verantwortliche Lenkung eines einzelnen Projektes zu; dazu gehört insbesondere die inhaltliche und terminliche Ausgestaltung. Ein Projektleiter wird jedoch dann auch zum

Projektmanager, wenn er zusätzlich die personelle und wirtschaftliche Verantwortung für ein Projekt trägt.

- **Projektmanagement** bedeutet die Planung, Koordination und Überwachung mehrerer Projekte oder Teilprojekte in einem Unternehmen („Multiprojektplanung"); der Projektmanager sieht und steuert das einzelne Projekt aus der nächsthöheren Warte über dem Projektleiter.

Der Projektleiter agiert im und außerhalb des Projekts

Projekte erfordern ein umfangreiches Handlungsprogramm im Leitungsbereich:

- **„Die Dinge richtig machen"** oder: Die Aufträge abarbeiten. Hier geht es um den projektinternen Bereich, etwa den inhaltlichen Problemlösungsprozess zu strukturieren, das Team zu leiten, Termine festzulegen oder die Kosten unter Kontrolle zu halten.

- **„Die richtigen Dinge machen"** oder: Die Aufträge gestalten. Hiermit sind die Führungsaufgaben über der Projektebene gemeint, also strategische Entscheidungen.

Die Projektleitung ist inhaltlich und terminlich für ein spezielles Projekt verantwortlich, das Projektmanagement führt ein oder mehrere Projekte – zu beiden Bereichen gehört der Einsatz von bestimmten Führungstechniken und die Steuerung sämtlicher Projektaktivitäten in Hinblick auf die gesetzten Ziele.

Welche Rolle übergeordnete Ausschüsse spielen

Der wichtigste Aufgabenträger im PM ist die Projektgruppe oder das Team, das der Projektleiter führt (ab Seite 60). Am Aufbau der Projektorganisation in einem Unternehmen sind jedoch in der Regel auch übergeordnete Führungsinstanzen beteiligt, die für Sie als Projektleiter wichtig werden können. Denn hier werden insbesondere strategische Entscheidungen des PM gefällt und damit grundlegende Voraussetzungen für die Durchführung von Projekten geschaffen.

Unterstützt den Projektleiter: der Lenkungsausschuss

Er ist ein temporärer, projektbegleitender Ausschuss (in der Matrix-Organisation, s. u.), der dem Projektleiter und seiner Gruppe vorgeschaltet ist. Er initiiert, leitet und überwacht hauptsächlich die Projektaktivitäten und kontrolliert die Ergebnisse. Von ihm können Sie als Projektleiter Unterstützung erhalten, wenn es Schwierigkeiten gibt.

- **Teilnehmer:** betroffener Ressortleiter, Fachbereichs- und Projektleiter.
- **Strategische und planerische Hauptaufgaben:** Ernennung des Projektleiters, Definition von Projektziel und -aufgabe zusammen mit dem Projektleiter, Kontrolle und Genehmigung der Planung (auch Budget), Auftragsvergabe an Berater, Prüfung und Genehmigung der Zwischenergebnisse und Berichte.

- **Projektleitungsfunktionen:** unterstützt Sie als Projektleiter bei größeren Problemen, fällt Entscheidungen, die über Ihre Kompetenzen hinausgehen, trägt die Verantwortung bei der Auswahl von Personal, schlichtet Probleme zwischen verschiedenen Projektstellen.

Der Fachausschuss sorgt für den Informationsfluss

Der Fachausschuss ist ein Gremium, das überwiegend beratende und unterstützende Funktionen hat, aber keine Entscheidungskompetenzen. Hierbei geht es vor allem um die Weitergabe fachlicher Informationen, sowohl von den Fachabteilungen an das Projekt als auch umgekehrt. Damit erhält das Projekt unternehmensinterne Unterstützung und andere Stellen können gleichzeitig von den Fortschritten und Ergebnissen der Projektarbeit profitieren. Da gerade der reibungslose Informationsfluss sehr wichtig ist, sollten Sie sich als Projektleiter hier auch die entsprechende Hilfe holen.

- **Teilnehmer:** Führungskräfte der Fachabteilungen, werden vom Lenkungsausschuss ernannt.
- **Aufgaben:** unterstützt bei der Planung, Realisierung und Kontrolle, sorgt für den Informationsaustausch zwischen Fachabteilungen und Projektteam.

Gute Voraussetzungen schaffen

Wenn Sie nun PM einführen wollen, müssen Sie bisherige Managementinstrumente nicht über Bord werfen. Solange Routineaufgaben und Standardprobleme mit den herkömmlichen Wegen bearbeitet werden können, haben bewährte Strukturen ihre Vorteile. PM sollte also nur dort eingesetzt werden, wo es sinnvoll erscheint und dem Unternehmen etwas bringt, sonst wird es auch nicht auf Akzeptanz stoßen.

In der Praxis wird PM häufig parallel zur vorhandenen Organisationsform eingeführt (im Kapitel „Das Team formieren" im Abschnitt „Der richtige Start" erfahren Sie, welche konkreten Möglichkeiten es hierfür gibt). Allerdings sollten dabei Kollisionen zwischen der Linienorganisation und den Projektstellen möglichst vermieden werden. Und wenn PM eingeführt wird, sollten auch alle Beteiligten hinter dem neuen Führungskonzept stehen.

- Wenn es in Ihrem Unternehmen noch kein PM gibt, Sie als Führungskraft aber diesen Weg zum ersten Mal beschreiten wollen, könnte Ihr erstes Projekt darin bestehen, Projektmanagement einzuführen. Dafür gibt es sogar eigens ausgearbeitete Konzepte.

- Und um dies zu tun, muss Ihre Maxime lauten: „Dafür renne ich auch Türen ein und leiste Überzeugungsarbeit."

Projektmanagement und Unternehmenskultur

Die Einführung von PM kann bedeuten Abschied von bestimmten Strukturen zu nehmen. Das bedeutet, PM hat auch viel mit der Unternehmenskultur zu tun:

- Die verantwortlichen Führungskräfte, Unternehmensleitung und alle am Projekt Beteiligten müssen bereit sein sich auf neue Wege einzulassen.

- Kompetenzverschiebungen dürfen kein Tabu sein.
- Insgesamt sollte Hierarchiedenken und (bremsendes) Konkurrenzverhalten in und zwischen den Abteilungen abgebaut werden.
- Kreatives Denken muss gefördert, die Möglichkeiten und Kapazitäten hierfür geschaffen werden.
- Wenn ein Bereich des Unternehmens Auftraggeber des Projekts ist, müssen sich die Projektbeteiligten als Dienstleister gegenüber ihrer Firma verstehen – auch dies erfordert sicher bei manchen ein Umdenken.
- Projektarbeit setzt meist die Bildung von Teams voraus. Ein Unternehmen, das bereits längere Zeit „Teamkultur" pflegt und bei der Auswahl seines Personals auf die Kompetenzen achtet, die man gemeinhin unter dem Begriff „Teamfähigkeit" zusammenfasst, wird weniger Probleme mit einer Umstellung auf PM haben.

Beispiel

Japan ist ein Land mit besonders ausgeprägter „Projektkultur" – was sich etwa an der Automobilindustrie aufzeigen lässt: Projekte der japanischen Autoindustrie werden in wesentlich kürzerer Zeit und mit weniger Ressourcen zum Erfolg geführt als vergleichbare Projekte der westlichen Konkurrenz. Entscheidend scheint nicht nur zu sein, dass dort der Definitionsphase eines Projekts viel Zeit eingeräumt wird, viel Wert legt man auch auf eine klare Projektorganisation und dem Projektleiter werden ausreichend Kompetenzen und Entscheidungsbefugnisse übertragen.

Ob die Einführung von Projektmanagement Früchte trägt, hängt grundlegend von der Bereitschaft der Unternehmensleitung, aller Führungkräfte und Mitarbeiter ab sich auf Wege abseits der ausgetretenen Pfade einzulassen.

Darauf müssen Sie sich einlassen

Projektmanagement unterscheidet sich also in so mancher Hinsicht von anderen Managementformen. Es bedeutet,

- den Überblick über eine komplexe Aufgabe bewahren,
- die üblichen Arbeits- und Problemlösungspfade verlassen,
- einen Arbeitsprozeß koordinieren, an dem viele Mitarbeiter aus unterschiedlichen Abteilungen und mit verschiedenen Denkmustern beteiligt sind,
- die Führung auf das Team ausrichten, was mit viel „Beziehungsarbeit" verbunden ist,
- das Projekt unternehmensintern vertreten, unter Umständen auch gegen Widerstände durchboxen.

Es gibt zwar keine Patentrezepte, mit deren Hilfe Sie diese Anforderungen im Handumdrehen in den Griff bekommen. Aber PM bietet sinnvolle Methoden und Techniken, die Sie in Ihrer Projektarbeit nutzen können.

Studien haben gezeigt, dass komplexe Aufgaben, die mit Methoden des PM bearbeitet werden, eher erfolgreich abgeschlossen werden als solche, bei denen auf PM verzichtet wird. Richtig eingesetzt, erleichtert PM die Führungsaufgaben in Projekten ganz erheblich.

Der richtige Start

Checkliste: Worauf müssen Sie achten?

Die folgende Checkliste soll Ihnen helfen sich über Ihr Projekt Klarheit zu verschaffen und sich die richtigen Fragen zu stellen. Mit ihr gewinnen Sie einen ersten Überblick darüber, worauf es im PM besonders ankommt. Die Fragen beziehen sich auf den gesamten Projektverlauf vom Start bis zum Abschluss. Sie können die Checkliste zur Grundlage Ihrer Vorbereitung machen, sollten aber auch während des Projekts die Fragen immer wieder durchgehen. Die Checkliste können Sie natürlich auch für sich weiterentwickeln, wenn Sie die speziellen Erfahrungen, die Sie in Ihren Projekten gesammelt haben, einfließen lassen wollen.

Checkliste: Worauf müssen Sie achten?

Phase	Fragen
Vorbereitung	**1** Welche Ziele sollen erreicht werden? • Sind die Ziele klar? ______ • Sind die Ziele realistisch? ______ • Mit welchem Aufwand sollen sie erreicht werden? ______ • Bis wann? ______ • Gibt es Puffer oder Alternativen? ______

Vorbereitung

2 Worauf ist bei der Planung zu achten?

- Welchen Stellenwert hat das Projekt? ____________
- Ist das Projekt auch nicht zu rigide organisiert? ____________
- Steht genug Personal zur Verfügung? ____________
- Sind die Termine realistisch? ____________
- Reichen die finanziellen Mittel aus? ____________
- Stimmen die Qualitätsmerkmale mit den Vorstellungen des Auftraggebers überein? ____________
- Welchen Nutzen soll das Projekt für wen haben? ____________
- Gibt es auch einen indirekten Nutzen? ____________
- Gibt es Spielraum für Änderungen, sind z. B. genügend Puffer eingeplant? ____________
- Ist das Projekt genügend geplant? ____________
- Sind die richtigen Pläne erstellt worden? ____________

3 Wer ist an der Planung beteiligt?

- Welche Vorstellungen hat der Kunde? ____________
- Wer ist von der Planung betroffen? ____________
- Wer muss über was wie informiert werden? ____________
- Mit welcher verantwortlichen Stelle müssen Sie sich abstimmen? ____________
- Ist die Planung mit dem Auftraggeber abgesprochen? ____________

4 Wer soll am Projekt teilnehmen?

- Braucht das Projekt einen externen Berater? ____________

Vorbereitung

- Wer soll mitarbeiten? Welche fachlichen Kompetenzen sind wichtig? Auf welche zusätzlichen Fähigkeiten kommt es an? ______
- Haben die Mitarbeiter/Bewerber Erfahrung in Teamarbeit? Sind sie bereit, sich in ein Team einzugliedern und sich darin weiterzuentwickeln? ______
- Gibt es Kollisionen mit anderen Stellen oder Abteilungen? ______
- Passt die Teamgröße? Müssen Teilprojekte gebildet werden? ______
- Gewinnt jeder, oder: Was sind die Motive für jeden? ______
- Was kommt für die Beteiligten nach dem Projekt? ______

5 Wie sollte das Team zusammengesetzt sein?

- Ist für die Aufgabe ein harmonisches Team nötig, das schnell und unabhängig agieren kann? ______
- Sind kreative oder unkonventionelle Lösungen erwünscht, die eher ein kontroverses Team bringt? ______
- Können die Beteiligten Rollen übernehmen? ______
- Ist möglicherweise destruktives Konfliktpotenzial in der Gruppe vorhanden? ______

6 Wer leitet das Projekt?

- Steht der Projektleiter hinter dem Projekt? ______
- Welche Erfahrungen hat der Projektleiter im PM oder der Teamführung? ______

Vorbereitung	
	• Hat der Projektleiter ausreichend Kompetenzen übertragen bekommen? ______ • Steht ihm genügend Zeit zur Verfügung, seine Aufgaben wahrzunehmen? ______ • Ist sichergestellt, dass es keine Kollisionen mit anderen Stellen gibt? Sind die Kompetenzen klar definiert? ______
	7 Wann und wie startet das Projekt? • Sind die Voraussetzungen für den Start gegeben? ______ • Sind alle Verantwortlichen, alle Beteiligten und vom Projekt indirekt Betroffene über den Start informiert? ______ • Sind die formalen Voraussetzungen erfüllt (Genehmigung, Auftrag etc.)? ______ • Herrscht Einigkeit über die Ziele? ______
Durchführung	**8** Wie wird die Projektarbeit gesteuert? • Wann werden erste Teilergebnisse benötigt? ______ • Wer muss über die nächsten Termine und Ergebnisse informiert werden? ______ • Mit welchen Methoden und Maßstäben werden Teilziele überprüft? ______ • Wer muss in welchen Abständen über den Verlauf informiert werden? ______ • Wo können Sie sich Unterstützung holen? ______

Durchführung

9 Wie werden alle am Projekt beteiligten Personen informiert?

- Wer muss worüber informiert werden? ____________
- Sind die Beteiligten und Vorgesetzten informiert? ________
- Wird nur relevante Information gesammelt und weitergegeben? ____________
- Werden Berichte immer gleich weitergeleitet? __________
- Erhalten die richtigen Leute die richtigen Informationen? ____________
- Ist die Dokumentation verständlich und sinnvoll? ________

10 Wie funktioniert die Teamarbeit?

- Wie organisiert das Team seine Arbeit (Besprechungen, Information etc.)? ____________
- Sind Schulungen notwendig? ____________
- Ist das Team motiviert? ____________
- Herrscht Konsens über Ziele, Vorgehen, Normen und Rollen? ____________
- Ist sich das Team einig, dass alle in einem Boot sitzen und an einem Strang ziehen müssen? ____________
- Übernehmen die Mitglieder wechselseitig Verantwortung? ____________
- Muss das Team weiterentwickelt werden? Wenn ja, welche Maßnahmen sind zu ergreifen? ____________

Kontrolle

11 Wie werden die Projektziele überwacht?

- Welche Methoden z. B. der Terminplanung sind zu wählen? ______
- Werden die Pläne dem aktuellen Stand angepasst? ______
- Ist noch Spielraum für Änderungen vorhanden?

12 Werden die Vorgaben eingehalten?

- Halten wir die Kosten ein? Wenn nicht, woran liegt es? ______
- Halten wir die Termine ein? Wenn nicht, welche Termine sind realistisch? ______
- Halten wir die Qualitätsanforderungen ein? ______
- Produzieren wir zu viel Qualität? ______
- Sind die Zwischenergebnisse auf die Anforderungen des Auftraggebers abgestimmt? ______

13 Was muss geändert werden?

- Wo gibt es Probleme? ______
- Wie können wir sie lösen? ______
- Stimmen unsere Zahlen? ______
- Muss vielleicht die Größe oder Zusammensetzung des Teams geändert werden? ______
- Können wir die Zielvorgaben ändern? ______
- Ist unsere Änderungsplanung jetzt realistisch? ______
- Wer muss wann über die Änderungen informiert werden? ______
- Mit wem sind Korrekturen vorher abzustimmen? ______

Kontrolle	• Wer ist in das Änderungsmanagement einzubeziehen? ____ • Kann das Projektziel noch erreicht werden? ____ • Lohnt sich das Projekt noch? ____
Abschluss	**14** Wurden die gesteckten Ziele erreicht? • Wenn nicht, woran lag es? ____ • Wo gab es Schwierigkeiten? ____ • Was lernen wir daraus? ____ • Wer muss über die Ergebnisse informiert werden? ____
	15 Wie kann das Projekt systematisch zu Ende geführt werden? • Was ist abschließend zu tun? ____ • Was machen die Mitarbeiter danach? ____ • Wer führt die Abschlusskontrolle durch? ____

Welche Ziele sollen erreicht werden?

Projekte werden zur Erreichung eines bestimmten Zieles durchgeführt. Anlässe für ein Projekt ergeben sich z. B. durch

- Neuerungen oder Änderungen der fachlichen Anforderungen, veränderte gesetzliche Bestimmungen oder Anpassungen von Geräten, etwa der Hardware;
- neue Ideen oder Verbesserungsvorschläge, etwa im Produktbereich;
- einen Prüfungsbericht (z. B. Wirtschaftsprüfer, Datenschutz) etc.

Auch wenn Sie den Eindruck haben, das Ziel sei bereits klar gesteckt, und Sie am liebsten gleich loslegen wollen, müssen Sie sich zuerst Gedanken darüber machen, was im und mit dem Projekt genau erreicht werden soll. Denn ist auch die Projektaufgabe als Ganzes klar, sind einzelne Ziele zunächst noch vage. Um die richtigen Entscheidungen fällen zu können, sollten Sie alle Ziele in einem Zielkatalog festlegen.

Welche Ziele gibt es?

Dabei können Sie drei Zielgruppen unterscheiden:

- **Ergebnis:** bestimmte technologische, wirtschaftliche, sozio-technische Zustände oder Funktionen.
- **Abwicklung:** Kooperationen, Termine, Kosten usw.
- **Randbedingungen:** technische Ausstattung, Know-how, Mitarbeiter.

Wie sollen die Ziele aussehen?

Insbesondere, wenn Sie die Ergebnisziele definieren, sollten Sie auf folgende Punkte achten:

- **Vollständigkeit:** Definieren Sie alle Ziele klar und vollständig.
- **Widerspruchsfreiheit:** Einzelne Ziele dürfen sich nicht widersprechen.
- **Messbarkeit:** Die Ziele müssen messbar sein, so dass am Projektende oder zwischendurch in Evaluierungs- bzw.

Übernahmeprozeduren festgestellt werden kann, ob sie auch wirklich erreicht wurden.

- **Dokumentation:** Halten Sie die Ziele fest, z. B. in einem Zielkatalog. Dabei können Sie zwischen Muss-Zielen, die unbedingt erreicht werden sollen, und Wunsch-Zielen unterscheiden.
- **Realisierbarkeit:** Die Ziele dürfen zwar anspruchsvoll sein, müssen aber auch realistisch bleiben.

Halten Sie die Ziele immer schriftlich fest. Sprechen Sie sie mit Ihrem Vorgesetzten oder anderen Projektverantwortlichen ab. In der ersten Sitzung (Seite 98) sollten Sie die Ziele dann unbedingt im Team besprechen, nicht nur, damit sich alle Teammitglieder mit ihnen identifizieren können, sondern auch, damit von vornherein Klarheit über sie herrscht und Missverständnisse ausgeschlossen werden.

Denken Sie auch daran, während des Projektablaufs die gesetzten Ziele immer wieder kritisch zu überprüfen und, falls dies erforderlich wird, sie an veränderte Bedingungen anzupassen.

Ohne Planung geht es nicht

Welchen Stellenwert hat das Projekt?

Als Projektleiter sind primär Sie zuständig für die Planung. Dazu müssen Sie über strategische Maßnahmen entscheiden, die den späteren Projektverlauf betreffen. Auf der Führungsebene über der Projektleitung fallen hingegen Planungsentscheidungen, die das Projekt als Ganzes betreffen. Dabei wird auch entschieden, welchen Stellenwert das anstehende Projekt im Unternehmen hat – und dies zu wissen, ist für Ihre Entscheidung, das Projekt zu machen, natürlich auch wichtig.

Es gibt mehr oder weniger aufwändige, kostengünstige und kostenintensive, vorrangige und weniger dringliche, lang- und kurzfristige Projekte. Zwei einfache Unterscheidungsmöglichkeiten sind Voll- und Teilzeitprojekte, A- und B-Projekte.

Vollzeit- und Teilzeit-Projekte

Vollzeit-Projekte	Teilzeit-Projekte
Die Projektarbeit ist Hauptaufgabe der Beteiligten, d.h. alle Mitarbeiter beschäftigen sich ausschließlich mit dem Projekt.	Die Projektarbeit ist für die Beteiligten nur eine Zusatzaufgabe; ihre sonstigen Tätigkeiten werden dafür entsprechend reduziert.
Kombination von Vollzeit- und Teilzeitprojekt: Einige Projektbeteiligte werden in Vollzeit, andere in Teilzeit für das Projekt tätig.	

A- und B-Projekte

	A-Projekte	B-Projekte
zeitlicher Rahmen	mit einer Laufzeit von größer/gleich X Monaten	mit einer Laufzeit von bis zu X Monaten
finanzieller Rahmen	Projektbudget von größer/gleich Y € einschließlich interner Projektkosten	Projektbudget von bis zu Y € einschließlich interner Projektkosten

Anmerkung: Die Größen X und Y in der Tabelle sind relativ, d. h. firmenspezifisch festzulegende Grenzen.

■ *Wenn Sie fast 100 Prozent Ihrer Kapazitäten für ein Projekt aufwenden, das eigentlich nur 50 % Ihres zeitlichen Rahmens ausfüllen dürfte, dann läuft irgendetwas schief!* ■

Warum müssen Projekte geplant werden?

„Wer zu viel plant, ist zu wenig kreativ", lautet eine weit verbreitete Meinung. Sie ist nicht nur falsch, sondern auch gefährlich für ein Projekt. Natürlich können Sie versuchen in Ihrem Projekt „ohne Plan" einfach loszulegen. Aber wollen Sie es wirklich dem Zufall oder gar anderen überlassen, was in Ihrem Projekt wie läuft? Rufen wir uns noch einmal in Erinnerung, was Projekte bedeuten können: komplexe Aufgaben, unüberschaubare Lösungswege, ein hohes Risiko. Und viele Personen mit unterschiedlichen Rollen spielen in der Aufführung mit. Keine Frage also: Wer sein Projekt in den Griff bekommen möchte, darf kein Planungsfeind sein.

- Planen hat zum Ziel der ursprünglichen Idee eine Struktur zu geben, die es ermöglicht, dass alles ins Rollen kommt. Dazu gehört es nun mal, den Ablauf, den Bedarf (Kapazitäten, Kosten, Hilfsmittel), die Termine oder Zwischenergebnisse (Meilensteine) festzulegen.
- Planung brauchen Sie für das Reporting nach oben.
- Pläne sind wichtig, damit dem Team eine Richtung vorgegeben wird; über Ziele und Aufgabenverteilung muss Klarheit herrschen.
- Und schließlich bietet eine sorgfältige Planung die Grundlage für die Projektkontrolle und -steuerung.

■ *Bearbeiten Sie kein Projekt planlos. Aber so wichtig Projektpläne auch sind – Sie dürfen ebensowenig vergessen, dass jede Planung flexibel reagieren können muss. Denn ausgeklügelte Pläne, die schon längst nicht mehr dem Projektstand und realisierbaren Zielen entsprechen, entwickeln sich zum Bumerang.* ■

Wichtig: Betroffene informieren und sich mit Vorgesetzten abstimmen

Ihre Planung sollte transparent sein. Egal, wann Sie Entscheidungen treffen, prüfen Sie immer:

- Wer ist von der Planung betroffen und muss worüber in welchem Umfang informiert werden? (Teammitglieder, Mitarbeiter, die das Projekt indirekt betrifft, Abteilungen, auf die das Projektergebnis Auswirkungen hat, etc.)
- Mit wem müssen Sie sich über die Planung abstimmen? (Vorgesetzter, Lenkungsausschuss, Ihnen vorgesetzte Projektmanager, Auftraggeber.)
- Wenn Änderungen notwendig werden, mit wem sind sie abzusprechen?

Besonders wichtig ist es, dass Sie sich mit Ihrem Vorgesetzten und Ihrem Auftraggeber darüber einig sind, was mit und in dem Projekt erreicht werden soll. Vergegenwärtigen Sie sich in der Planungsphase daher, welchen Stellenwert das Projekt hat (Seite 34) und was andere davon erwarten.

Sie und Ihr Vorgesetzter müssen das Gleiche unter den Zielen verstehen. Planen Sie nicht in Ihrem Kämmerchen still vor sich hin. Klären Sie Ihren Vorgesetzten regelmäßig über notwendige Änderungen auf. Vermeiden Sie, dass er von einem Ausgang überrumpelt wird, der sich für Sie als Entwicklung, für Außenstehende aber als Quantensprung darstellt. Ein Projekt ist wie ein eigenes Kind, das Sie tagtäglich sehen – Sie werden über die Fortschritte, die es macht, kaum überrascht sein. Ganz anders wird es da der Tante ergehen, die nur alle zwei Jahre zu Besuch kommt.

■ *Das Ergebnis der Planung gibt der Projektleiter in der Regel in Form eines Berichts, in dem alle Planungsunterlagen zusammengefasst sind, mündlich oder schriftlich an die Entscheidungsinstanz weiter.* ■

Was ist zu planen?

Planungsaufgaben stellen sich keinesfalls nur zu Beginn des Projekts, sondern in dessen Verlauf immer wieder neu. Denn erstens verläuft kein Projekt hundertprozentig „nach Plan"; und zweitens kann nicht schon zum Projektstart detailliert festgelegt werden, was in einer fortgeschrittenen Realisierungsphase genau zu geschehen hat. Daher wird in Projekten mit einer zweistufigen Planung gearbeitet, dem langfristigen Projektplan und den mittelfristigen Phasenplänen:

1. Der **Projektplan** bezieht sich auf das Projekt als Ganzes.

2. Die **Phasenpläne** leiten sich aus ihm ab, machen aber möglichst genaue Vorgaben für die Dauer der als nächstes anstehenden Projektphase (siehe nächste Seite).

Im Mittelpunkt stehen dabei die Planungen für

- Aktivitäten,
- Termine,
- Kapazitäten/Bedarf,
- Mitarbeiter,
- Kosten.

Hinzu kommen Planungen für

- Qualität,
- Hilfsmittel,
- Information.

Mit Meilensteinen Projektphasen definieren

Hilfreich für Ihr Vorgehen ist es den Projektverlauf in Entwicklungsphasen zu untergliedern. Dies erlaubt eine mittelfristige und genauere Planung. Die Phasen können Sie durch die Festsetzung von **Meilensteinen** definieren:

- Meilensteine sind Zwischenergebnisse, die an wichtigen Abschnitten des Projekts erzielt werden müssen, damit das Projekt in die nächste Phase treten kann. Jeder Meilenstein definiert dabei ein in sich geschlossenes Arbeitsergebnis.
- Ein Meilenstein bildet den Abschluss einer Phase, ist somit das Phasenprodukt.
- Ein erreichter Meilenstein kann im Hinblick auf die Kontrolle den Projektfortschritt belegen.

- Welche Meilensteine festgesetzt werden, hängt vom Projekt und vom Unternehmen ab.

An einem Meilenstein kontrollieren häufig Auftraggeber und verantwortliche Entscheider das bisherige Ergebnis, z.B. daraufhin, ob bestimmte Qualitätsstandards eingehalten wurden. Erst wenn das Phasenprodukt dieser Überprüfung standgehalten hat, wird die nächste Phase genehmigt. An einem Meilenstein kann sich sogar entscheiden, ob das Projekt abgebrochen oder fortgeführt wird. Stimmen Sie daher die Meilensteine immer mit den verantwortlichen Stellen ab.

Welches Phasenmodell ist das richtige?

Für z. B. Datenverarbeitungsprojekte wurden verschiedene Phasenmodelle entwickelt. Das todsichere Erfolgsmodell gibt es jedoch nicht. Sie können sich an die Faustregel halten: Je komplexer das Projekt, desto mehr Phasen sollte das Modell haben. Worauf es vor allem ankommt ist, dass die Phasen

- benannt werden,
- überschaubare und abgrenzbare Aufgaben enthalten,
- ein Arbeitsergebnis definieren,
- und dass die in ihnen definierten Aufgaben und zu erzielenden Ergebnisse im Team unmissverständlich abgeklärt werden.

Auf Grundlage der Phasendefinition kann das Projektteam dann seine eigene Vorgehensmethodik entwickeln. Dabei müssen sich natürlich alle auf das gleiche Modell stützen. Achten Sie darauf, dass sich alle über die Bedeutung der Meilensteine im Klaren sind.

Beispiel: Phasenmodelle für DV-Projekte

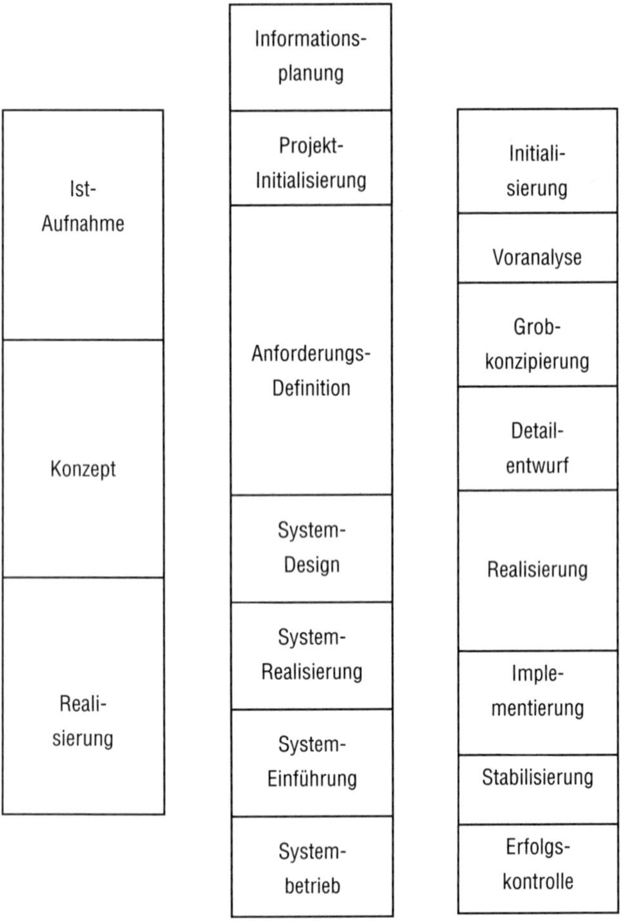

Welches Modell das richtige ist, hängt von Größe, Komplexität und Art des Projekts ab.

Vorteile von Projektphasen

Nicht nur für Planungs-, auch für alle anderen Projektaktivitäten sind Phaseneinteilungen hilfreich:

- Phasen schaffen „Entscheidungspunkte" für zunächst unüberschaubare Probleme.
- Sie können systematischer vorgehen, die anstehenden Probleme schneller erkennen, über mögliche Lösungen nachdenken, die beste Lösung umsetzen.
- Top-down-Ansatz: Die Probleme werden „geteilt", dann gelöst, und diese Teillösungen werden wieder im Hinblick auf das Projektziel integriert.
- Sie erhalten eine bessere Übersicht über alle Aktivitäten im Projekt, über die Kapazitäten und Zuständigkeiten, die sich in den Phasen auch verändern können.
- Die Kontrolle wird erleichtert.

Die Planung nach Projektphasen minimiert die Projektrisiken.

Komplexe Projekte transparent machen

Ein wichtige Planungsaufgabe ist es dem Projektablauf eine Struktur zu geben. Mit den Phasenplänen erhalten Sie eine einfache, aber rein lineare Struktur - für besonders komplexe Projekte sicherlich nicht ausreichend. Hier empfiehlt es sich, dass Sie als Projektleiter zusammen mit Ihrem Team einen klaren und vollständigen Plan entwerfen, der nicht nur den Ablauf des Projekts im Detail klärt, sondern auch alle Zusammenhänge zwischen Projektstellen, Aufgaben und Kompetenzen verdeutlicht. Es mag sein, dass Sie dabei zunächst auch auf unbekannte Größen stoßen. Diese Situation ist ganz normal. Sie werden – besonders in der Vorlauf- und Startphase des Projekts – generell selten über alle benötigten Informationen verfügen, um von Anfang an alles in eine eindeutige Richtung lenken zu können. Und die Informationen, die Sie haben, sind die Teile eines Puzzles, dessen Motiv Sie noch nie gesehen haben.

Verkettete Abläufe erfassen

Das Problem begrenzter Informationsverarbeitung

An dieser Stelle lohnt ein kurzer Blick auf wissenschaftliche Einsichten, die unsere Denkgewohnheiten betreffen. Der Nobelpreisträger für Wirtschaftswissenschaften, H. A. Simon, spricht in diesem Zusammenhang von der „beschränkten Rationalität" des Menschen: Die Informationen, die uns für Entscheidungen in vielschichtigen Situationen zur Verfügung stehen, sind nicht nur begrenzt; wir können oft selbst die vorhandenen gar nicht alle verarbeiten. Es ist erwiesen, dass unser Denken bei weitem nicht ausreicht, die Komplexität unserer Umwelt nachzuvollziehen – dazu ist es nicht vernetzt genug.

Dies lässt sich auch auf die Planung umfangreicher Projekte übertragen. Je komplexer die Aufgabenstellung ist, desto weniger genügt ein rein lineares, d. h. „Schritt-für-Schritt-Denken", um die Abläufe festzulegen und trotzdem den Überblick zu behalten. Daher plant man Projekte häufig mit der Netzplantechnik.

Beispiel

Das Projekt-Planungssystem der Weltbank

Die Weltbank bearbeitet ihre Projekte mit einem mehrstufigen Planungsverfahren, das auf dem Netzwerkprinzip *(Logical Framework)* beruht. Dabei versucht man, die menschlichen Denk- und Entscheidungsprozesse so auseinander zu nehmen, dass ein Netzwerk aus einzelnen Bausteinen entsteht. Diese Bausteine werden in logischen Schritten angeordnet, die eine systematische Abarbeitung erlauben. Am Anfang steht eine genaue Analyse des Projektfeldes (Situationsanalyse), die alle dazugehörigen Bestandteile benennt und modellhaft deren Ist-Zustand darstellt. Dabei untersucht man, wie die einzelnen Bausteine zusammen- oder voneinander abhängen. (Wer sich schon einmal mit der Systemtheorie beschäftigt hat, dem wird dieser Denkansatz bekannt vorkommen.) Schließlich werden auf verschiedenen Ebenen Ziele festgelegt (Soll-Zustand), die dafür benötigten Mittel geplant, gesteuert und zuletzt überprüft, inwieweit die Ziele erreicht wurden.

Einen Netzplan erstellen

Die Netzplantechnik wird im PM häufig für zwei Instrumente, den Projektstrukturplan und den Ablaufplan, verwendet:

- Ziel des **Projektstrukturplans** ist es die Projektaufgaben in einzelne Teilaufgaben (Arbeitspakete) zu zerlegen, diese Aufgaben zu verteilen und festzustellen, ob eine Teilprojektbildung nötig wird (siehe Graphik Seite 47).

- Ziel des **Ablaufplans** ist es den logischen Ablauf und den Zusammenhang aller einzelnen Aktivitäten, die die Arbeitspakete enthalten, darzustellen. Dabei wird der Strukturplan im Prinzip weiter verfeinert.

Allerdings ist die Erstellung und Überwachung eines Netzplans mit erheblichem Aufwand verbunden. Nicht selten kommt es vor, dass noch aus der Projektgründungszeit stammende Pläne an der Wand vergilben, weil nach eingetretenen Änderungen niemand sich die Mühe machen wollte, die akribisch erstellten Übersichten zu aktualisieren.

Dennoch halten wir gerade die Erstellung eines Strukturplans für sehr wichtig. Mit ihm erhalten Sie und Ihre Mitarbeiter einen Überblick, was alles im Projekt zu erledigen ist, und können Zusammenhänge und Nahtstellen zwischen den einzelnen Projektstellen erkennen. Damit wird das gesamte Projektgeschehen transparent gemacht.

Vorteile von Netzplänen

- Alle notwendigen Arbeiten werden erfasst und in eine logische Reihenfolge gebracht.
- Für jede Teilaufgabe können Sie Ergebnisziele, Personal- und Materialaufwand ermitteln und später leichter kontrollieren.
- Aus dem Strukturplan können Sie die Termin- und Kostenpläne ableiten.
- Er bildet auch idealerweise den Ausgangspunkt für die Projektdokumentation (Projektberichte).
- Als Projektleiter bekommen Sie Entscheidungshilfe, ob die Bildung von Teilprojekten notwendig wird. Die Hierarchisierung in Teilprojekte und -aufgaben ermöglicht dann eine sinnvolle Verteilung der PM-Kompetenzen.

Wie Sie den Plan erstellen

An die Spitze des Plans kommt die Hauptaufgabe, das übergeordnete Projektziel, welches das gesamte Team betrifft. Darunter werden hierarchisch die Teilaufgaben angeordnet, die eventuell wiederum in Unteraufgaben zerlegt werden können. Irgendwann kommen Sie zu Aufgaben, die Sie nicht mehr zerteilen können, weil sie sachlich zusammengehören und von der gleichen Person oder dem gleichen Personenkreis erledigt werden müssen. Diese Unteraufgaben nennt man **Arbeitspaket.**

■ *Jedes Arbeitspaket stellt grundsätzlich eine definierte Aufgabe dar; alle Arbeitspakete zusammen summieren sich zum gesamten Leistungsumfang des Projekts. Für ein Arbeitspaket kann z. B. nur ein Mitarbeiter zuständig sein, aber auch eine größere Gruppe.* ■

Und so können Sie Schritt für Schritt vorgehen:

1 Legen Sie im Vorfeld fest, ob die Strukturierung allein oder im Team durchgeführt werden soll.

2 Dann überlegen Sie, wie Sie grundsätzlich die Planung beginnen können:

- Ist das Projekt besonders schwer überschaubar, planen Sie vom Einzelnen zum Allgemeinen (induktiv).
- Haben Sie bereits einen guten Überblick über das Projekt gewonnen, können Sie vom Allgemeinen die Einzelaufgaben ableiten (deduktiv).
- Gehen Sie objektorientiert vor, wenn es im Projekt um Erzeugnisse geht, die es zu erstellen oder darzustellen

gilt, z. B. bei einem Anlagenbau von einzelnen Bauabschnitten oder bei einem DV-Projekt von bestimmten Modulen.

- Gehen Sie nach Funktionen bzw. einzelnen Tätigkeiten vor, wenn das Projekt über eine Produktion hinausgeht, z. B. bei einer Markteinführung oder Projektvorbereitung.
- Sie können auch objekt- und funktionsorientierte Arbeitspakete definieren; dies kommt der Realität am nächsten und gewährleistet eine vollständige Erfassung aller Projektaufgaben.

3 Fertigen Sie dann einen Entwurf Ihres Planes an und prüfen Sie anschließend alle Elemente hinsichtlich Lückenhaftigkeit, Überschneidungen und Kompatibilität.

4 Danach können Sie den Plan endgültig festlegen.

Wie fein das Projekt bzw. einzelne Arbeitsbereiche zergliedert werden, hängt jeweils vom Projekt und den einzelnen Aufgaben ab und kann nur individuell entschieden werden.

■ *Auch wenn die Erstellung des Projektstrukturplanes mühsam ist, sollten Sie ihn machen – nicht selten wird seine Notwendigkeit unterschätzt. Standardisierte oder im Unternehmen bereits vorhandene Strukturpläne können bei der Erstellung helfen. Füllen Sie dabei alles aus, was für Ihr Projekt in Frage kommt, streichen Sie die Aufgabenpakete, die nicht vorkommen, heraus, und erstellen Sie auf Grundlage dieses Entwurfs Ihren endgültigen Plan.* ■

Was ist der Ablaufplan?

Der Ablaufplan ist im Prinzip die Fortführung bzw. weitere Detaillierung des Strukturplans. Dazu zerlegen Sie die Arbeitspakete in einzelne Tätigkeiten, die Sie dann in eine logische und zeitliche Reihenfolge bringen. So sehen Sie, wer was wann zu erledigen hat, und es wird deutlich, wie einzelne Tätigkeiten voneinander abhängen. Dieser Schritt ist wichtig, damit Sie Kosten besser schätzen und Kontrollen leichter durchführen können. Der Ablaufplan wird in der Praxis dann auch in einem Netzplan dargestellt, wenn das Projekt sehr komplex ist. Ansonsten können Sie ihn auch in einem Balkendiagramm darstellen (dazu ein Beispiel im Kapitel „Termine planen", ab S. 53).

Bei der Erstellung der Ablaufpläne sollten Sie sich von den jeweiligen Mitarbeitern, Fachabteilungen oder Stellen unterstützen lassen, die dann später auch für die Einhaltung verantwortlich sind. Und noch ein Tipp: Beginnen Sie erst damit, die Aufgaben der Arbeitspakete genau zu definieren, wenn der Strukturplan auch wirklich feststeht.

Darstellung eines vereinfachten Strukturplans

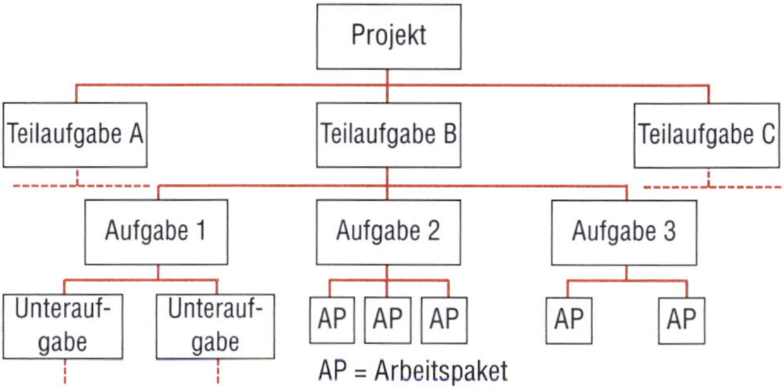

Der Strukturplan gliedert das Projekt und verdeutlicht Zusammenhänge.

Die folgende Grafik veranschaulicht, wie der Strukturplan für ein konkretes Projekt aussehen könnte. Der Einfachheit halber haben wir ein nicht allzu komplexes Projekt gewählt, die Herstellung einer Mitarbeiterzeitschrift.

Strukturplan: Mitarbeiterzeitschrift

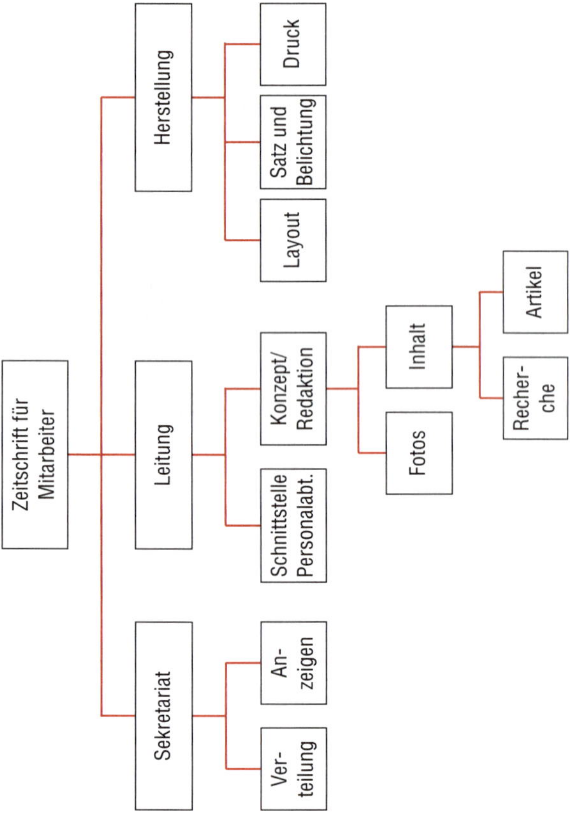

Was alle interessiert: Zeit und Geld

Aufwandsschätzung – ein notwendiges Übel

„Wann wird das Projekt fertig?" – „Wie viel wird es kosten?"

Dies sind zwei unangenehme Fragen, die der Auftraggeber dem Projektverantwortlichen als allererstes stellen wird. Und jetzt dürfen Sie keinesfalls Antworten geben wie „Keine Ahnung", „Das sehen wir dann schon" oder gar: „Da könnte ich Ihnen jetzt viel erzählen ...". Aber auch, wenn Sie auf Anhieb einen auf die Stunde exakten Termin in zwei Jahren und einen pfenniggenauen Betrag nennen, wirken Sie nicht besonders glaubwürdig. Übrigens: Beides, Zeit und Geld, wird auch die Unternehmensleitung und andere mit dem Projekt befasste Führungsgremien brennend interessieren!

Mit was können Sie rechnen?

Schon in der Anfangsphase eines Projekts, z. B. für die Vorstudie, sollen Sie also überblicken können, wie viel Ressourcen Sie benötigen – und das bei den ganzen Unwägbarkeiten, die ein Projekt birgt. Zugegeben, eine heikle Aufgabe. Realistische Schätzungen sind in der Tat immer schwer durchzuführen. Aber verlieren Sie nicht den Mut: Es gibt dafür Verfahren – wenn Sie auch bei keinem sicher sein können, dass es hundertprozentig funktioniert, denn:

- Es passieren in jedem Projekt unerwartete Dinge, die noch mehr Zeit und noch mehr Geld kosten. („Erstens kommt es anders, zweitens ...")

- Sie sind kein Hellseher, sondern haben auch nur Ihre Erfahrungen und versuchen Ihr Möglichstes.
- Es gibt keine Standards für einmalige Vorhaben.

Um Auskunft über Termine geben zu können, müssen Sie die Termine planen. Und für die Kosten können Sie im Rahmen Ihrer Projektplanung eine Aufwandsschätzung und eine Kosten-Nutzen-Analyse vornehmen.

Termine planen

Termine festzusetzen ist ein wichtiger Schritt der Projektplanung. In vielen Projekten wird der Einhaltung von Terminen sogar ein höherer Stellenwert eingeräumt als der Einhaltung der vorgesehenen Kosten.

Beispiel

Das Unternehmen arbeitet an einer Produktentwicklung. Man weiß, dass der Wettbewerb Anstrengungen in eine ähnliche Richtung unternimmt. Nur, wenn es das Unternehmen schafft, sein Produkt vor der Konkurrenz auf den Markt zu bringen, kann es einen Vorsprung erzielen. Vor allem, wenn das neue Produkt in hoher Stückzahl zu einem fixen Termin auf dem Markt erscheinen soll, können Verzögerungen teuer werden: Ein um sechs Monate verspäteter Markteintritt kann nach Untersuchungen Gewinneinbußen von bis zu 30 Prozent bedeuten.

Im Anlagenbau kommt es ebenso auf einen möglichst frühen Fertigstellungstermin an: Je früher eine Produktionsanlage in Betrieb gehen kann, desto eher bringt sie dem Unternehmen Einnahmen.

Termintreue ist auch deswegen wichtig, um dem bekannten Dominoeffekt vorzubeugen: Treten nämlich Verzögerungen im Terminablauf ein, weil etwa ein Zwischenprodukt nicht rechtzeitig fertig geworden ist, liegen womöglich an anderen Projektstellen Kapazitäten brach, weil ohne dieses Ergebnis dort nicht weitergearbeitet werden kann.

Eine Terminliste erstellen

In einer Terminliste können Sie einzelne Arbeitsschritte und die Termine für die Fertigstellung eintragen. Eine weitere Spalte können Sie zusätzlich für die tatsächlich eingehaltenen Termine einrichten. Eine solche Liste (am besten in Tabellenform) ist schnell erstellt, aber auch nur für kleinere Projekte geeignet, in der wenig Vorgänge miteinander verknüpft sind.

Mit einem Balkendiagramm den Überblick gewinnen

Das Balkendiagramm ist eine weitere, einfache und recht verbreitete Methode der Terminplanung. Dabei werden auf einer Zeitachse die einzelnen Aktivitäten mit ihren Anfangs- und Endterminen in Balkenform angetragen. Hierbei können Sie allerdings die Verknüpfungen, die zwischen den einzelnen Aufgaben bestehen, nicht so gut erkennen wie bei einem Strukturplan. Beide Übersichten sollten sich daher am besten ergänzen. Wie beim Netzablaufplan übrigens auch können Software-Programme die Überwachung des Balkendiagramms unterstützen.

Beispiel

Die Redaktionsleiterin einer Zeitschrift hält eine Präsentation über Trendthemen. Zur Vorbereitung gehören der Entwurf einer Rede, zusätzlich soll ihre Assistentin Handouts und Folien erstellen. Der Praktikant bekommt die Aufgabe, ein Informationsbooklet für die Zuhörer zu verfassen und soll ihr auch bei der Stoffsammlung behilflich sein. Ihre Terminliste sieht folgendermaßen aus:

Präsentation in Frankfurt am 27.7.

To Do	Termin	Erledigt
Absprache mit Verlagsleiter über Schwerpunkte	29.6.	
Besprechung mit den Beteiligten	30.6.	
Rahmenbedingungen und technische Möglichkeiten checken (Assistentin Frau Weiser)	1.7.	
Abgabe Stoffsammlung (Praktikant Herr Fellner)	6.7.	
Beginn Redevorbereitung	7.7.	
Fertigstellung des Redemanuskripts und Weitergabe an Herrn Fellner	13.7.	
Abgabe des Booklets (Herr Fellner)	20.7.	
Booklet korrigieren	22.7.	
Folien und Handouts (Frau Weiser)	23.7.	
Fertigstellung und Vervielfältigung Booklet (Herr Fellner)	23.7.	
Probedurchlauf	24.7.	
Kurze Rücksprache mit Veranstalter (Frau Weiser)	24.7.	
Präsentation halten	27.7.	

Beispiel Balkendiagramm

Die Präsentation, die als Beispiel für die Terminliste diente, lässt sich auch auf einem Balkendiagramm darstellen:

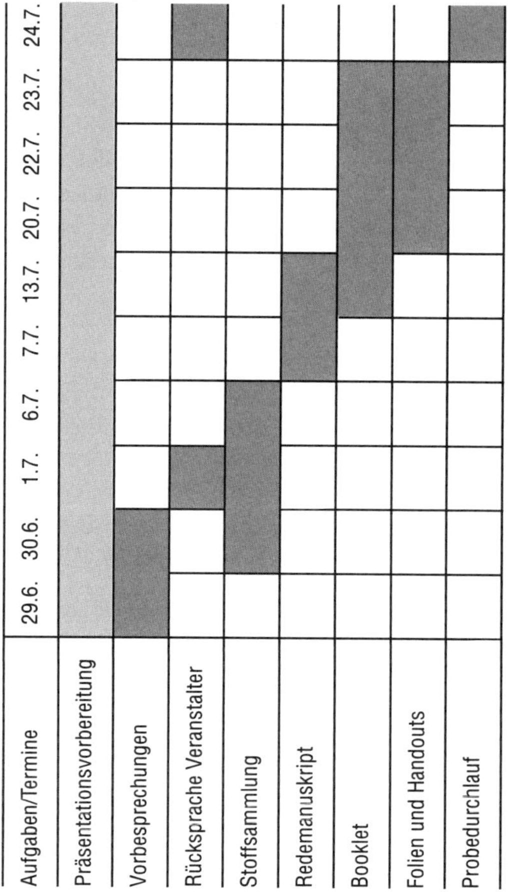

Auf dem Balkendiagramm wird die eingeplante Dauer einzelner Aktivitäten angetragen.

Kapazitäten ermitteln

Kapazitäten ermitteln bedeutet eine Antwort zu finden auf die Frage: „Wie lange braucht die Person X für die Aktivität Y?" Der Aufwand wird dabei in Personentagen oder -wochen bzw. -monaten geschätzt. Kapazitätenplanung ist daher Personalplanung oder Bedarfsplanung.

Es gibt hierfür verschiedene Methoden, die wir in diesem Rahmen allerdings nicht vorstellen können. Zudem garantiert keine der gebräuchlichen Verfahren die Richtigkeit der Ergebnisse. Ob Sie sich nun von Ihren Erfahrungen leiten lassen oder einer bestimmten Methode den Vorzug geben – für alle Verfahren gilt:

- In einem frühen Stadium der Projektentwicklung können die abgegebenen Werte nicht absolut verbindlich sein. Seien Sie daher bei frühen Schätzungen vorsichtig.
- Es gibt nicht nur einen Lösungsweg.
- Erfahrungsstand und Denkmuster der Menschen sind nie gleich und schon gar nicht normierbar.
- Die verwendeten Informationen sind immer lückenhaft.
- Neue Aktivitäten im Verlauf des Projekts werden immer wieder zu Korrekturen führen.

Die Setzung der Termine für bestimmte Aktivitäten, Zwischenergebnisse oder Meilensteine geht in der Praxis Hand in Hand mit der Kapazitäten- bzw. Personalplanung. Ziel ist es, den gewünschten Endtermin und die verfügbaren Kapazitäten optimal aufeinander abzustimmen.

Was Sie berücksichtigen sollten, wenn Sie Kapazitäten planen

- Termine und Kapazitäten dürfen nicht 1:1 umgesetzt werden.
- Planen Sie nie mehr Kapazitäten ein als tatsächlich vorhanden!
- Vergessen Sie nicht auch eine Kapazitätslast für Arbeiten ohne Termin (z. B. Wartung von Geräten) einzuplanen.
- Berücksichtigen Sie nicht nur alle „fixen" Ausfallzeiten wie Urlaubstage oder Seminarbesuche der Beteiligten, sondern auch unproduktive Zeiten – ein 8-Stunden-Tag hat höchstens 6 produktive Stunden.
- Berücksichtigen Sie auch den Aufwand für Besprechungen (mit Vorbereitung der Meetings etc.).
- Planen Sie genügend Puffer ein, sonst wird Ihre Schätzung nicht realistisch. Lassen Sie zwischen dem Ende einer Aktivität und dem Beginn einer neuen 1 bis 2 Tage Luft.
- Gestehen Sie mehrfach belasteten Mitarbeitern kreative Pausen zu.
- Für unvorhergesehene Ausfallszeiten (z. B. Krankheit), Pannen und andere Überraschungen können Sie generell 3 bis 5 Prozent der vorhandenen Kapazitäten abziehen.
- Informieren Sie Ihren Auftraggeber nicht nur über Methode und Bedingungen der Kapazitätsplanung, sondern auch über die enthaltenen Pufferzeiten.

■ *Je detaillierter Sie die Aktivitäten eines Projekts im Projektstruktur- oder Ablaufplan beschrieben haben, desto genauer gerät Ihre Kapazitätsermittlung.* ■

Kosten planen

Nun haben Sie also schon den Personalbedarf und Termine geplant und sich mit der Aufwandsschätzung einen ersten Überblick darüber verschafft, wie teuer das Projekt wird. Doch von Ihnen werden irgendwann genaue Zahlen verlangt. Spätestens, wenn die Unternehmensführung wissen will, ob sich die Durchführung des Projekts finanziell lohnt, steht eine Projektkostenplanung an, auf deren Basis dann auch eine Kalkulation durchgeführt werden kann.

Bei der Kalkulation geht es um die Frage, in welchem Verhältnis Aufwand und Nutzen stehen. Diese Berechnung kann also entscheiden: „Machen wir das Projekt oder machen wir es nicht?" Eine Kalkulation ist zwar nicht immer obligatorisch, denn manche Innovationen oder Investitionen müssen einfach durchgeführt werden, z. B. wenn neue gesetzliche Bestimmungen umzusetzen sind. Um die Kostenplanung werden Sie jedoch keinesfalls herumkommen, denn sie dient dazu einen Finanzplan für das Projekt zu erstellen und die auflaufenden Kosten zu überwachen. Und die Kostentreue hat in vielen Projekten noch vor der Termintreue Priorität – abgesehen davon, dass auch Terminüberschreitungen meist zu erhöhten Kosten führen.

Beispiel

Folgen von Kostenüberschreitung

Das Unternehmen vereinbart mit seinem Auftraggeber eine Software zu entwickeln und verlangt dafür einen Festpreis. Der Kostenplan und eine

Wirtschaftlichkeitsberechnung haben ergeben, dass das Projekt nur dann rentabel ist, wenn es ein Gesamtvolumen von „Festpreis – X“ nicht überschreitet. Werden die geplanten Kosten nicht eingehalten, macht das Unternehmen mit dem Projekt Verlust.

Eine Überschreitung der Kosten kann andere Projekte gefährden: Das interne Projekt X in einem Unternehmen hat den festgelegten Kostenrahmen soweit überschritten, dass die geplanten Projekte Y und Z nun nicht mehr durchgeführt werden können. Gerade bei Projekten der Öffentlichen Hand stößt man oft auf diesen Dominoeffekt.

Welche Kosten fallen an?

- Personalkosten (Kapazitäten)
- Sachmittel und Dienstleistungen (Fremdleistungen), die von außen bezogen werden

Während Sie die Personalkosten mit der Kapazitätsplanung ermitteln, können Sie die Fremdleistungen erst einmal schätzen, bis Sie konkrete Verträge oder Offerten auf dem Tisch liegen haben. Greifen Sie bei der Kostenplanung auf die Informationen aus dem Projektstrukturplan, den Termin- und Kapazitätenplänen zurück. Auch hier gilt: Je genauer Sie Ihren Strukturplan erstellt haben, desto leichter wird die Kostenplanung. Und so gehen Sie vor:

1. Strukturieren Sie die Kostenpakete.
2. Ermitteln Sie die Mengenansätze.
3. Erstellen Sie eine Kalkulation.
4. Dann erfolgt die Budgetzuteilung.

Lohnt sich das Projekt?

Projektkalkulationen sind nicht sehr beliebt, denn sie gestalten sich sehr aufwändig. Es müssen die aktuellsten Zahlen beschafft und qualitative Faktoren geschätzt werden. Außerdem kann man auch einer Kalkulation nicht immer trauen: Über Formeln und Bewertungen bleibt dieses Instrument manipulierbar. An dieser Stelle können wir weder die aufwändigen Verfahren einer Investitionsrechnung noch andere Methoden vorstellen, mit denen eine Kalkulation bzw. eine Wirtschaftlichkeitsanalyse durchgeführt werden kann, um zu prüfen: „Lohnt sich das Projekt?"

Dafür sei hier nur kurz auf die Notwendigkeit und auf Besonderheiten von Kalkulationen für Projekte verwiesen.

Warum Projektkalkulation?

Eine Projektkalkulation ist aus folgenden Gründen wichtig:

- Um die Projektkosten in das Gesamtbudget des Unternehmens oder des Unternehmensbereichs einzuordnen;
- um zu entscheiden, ob das Projekt überhaupt gemacht wird und wenn, ob das Unternehmen es selbst macht oder den Auftrag vergibt („Make or Buy?");
- um Lösungsalternativen beurteilen zu können;
- weil der Auftraggeber Aussagen über den Nutzen erwartet;
- weil für die Wünsche des Auftraggebers bzw. Kunden auch ein Preis festgesetzt werden muss;
- damit Perfektionismus vermieden wird;

- um eine Messgröße für den Projektfortschritt zu erhalten;
- um ein objektives Regulativ „im Falle eines Falles" zu erhalten.

Wie sieht der Nutzen aus und wo kann er noch liegen?

Um die Kalkulation auch in einem größeren Rahmen zu sehen, sollten Sie folgende Punkte beachten bzw. einige Überlegungen in die Nutzenanalyse einbeziehen.

- Der zu erwartende Nutzen sollte, wenn er in Zahlen ausgedrückt werden kann, möglichst genau formuliert werden.
- Die Erwartungen an den Nutzen sollten realistisch sein, und Sie müssen Alternativen anbieten. Es schadet dem Projekt nur, wenn Sie den Auftraggeber anfangs mit tollen Zahlen bluffen, die Sie aber nie erreichen können.
- Projekte haben nicht immer nur einen direkten materiellen Nutzen, der sich in einem Gewinn oder Einsparungen niederschlägt. Bei Neuerungen, die z. B. die Effizienz steigern, oder bei Vereinfachungen bestimmter technischer Verfahren spricht man auch von einem „relativen Nutzen".
- Ebenfalls nicht „mit Geld aufzuwiegen" ist der sekundäre Nutzen, z. B. wenn durch ein verbessertes Rechnungssystem nicht nur der Vertrieb, sondern auch die Entscheidungsträger des Finanzmanagements Zeit einsparen. Auch immaterielle Vorteile, etwa eine engere Kundenbindung durch eine spezielle Marktstrategie, kann ein Projektnutzen sein, der sich nicht mit harten Zahlen ausdrücken lässt.

▪ *Setzen Sie Kosten eher höher und den Nutzen eher niedriger an ohne dabei jedoch zu übertreiben. Informieren Sie Ihren Auftraggeber über die eingeplanten Puffer bzw. Risiken, damit Sie glaubwürdig bleiben.* ▪

Das Team formieren

Warum Organisation auch sein muss

Für die meisten Projekte muss eine Mitarbeitergruppe gebildet werden, die innerhalb eines befristeten Zeitraums die Projektaufgabe im Unternehmen erfüllt. Die wohl wichtigsten Fragen, die sich dabei stellen, sind:

1. Woher kommt das Team?
2. Wie soll das Verhältnis zwischen Projektmitarbeitern, Projektleiter und nicht am Projekt beteiligten Stellen aussehen, wie also gliedert sich das Projekt in die Unternehmensstruktur ein?
3. Was kommt für die Beteiligten nach dem Projekt?

Organisatorische Fragen sollten Sie in einem Projekt nicht unterschätzen. Denn wenn Kompetenzen, Zuständigkeiten Verantwortlichkeiten und Pflichten nicht eindeutig geregelt werden, sind Konflikte – nicht nur im Team – vorprogrammiert. Projekte organisieren bedeutet im Wesentlichen:

- Aufgabenträger (Projektstellen und -mitarbeiter) zu bestimmen und deren Beziehungen untereinander zu regeln,
- das Verhältnis zwischen projektbeteiligten und projektexternen (Leitungs-)Stellen zu regeln.

Die Selbstorganisation des Projekts betrifft noch weitere Bereiche wie Termine und Budget, die wir bei der Planung bereits angesprochen haben.

■ *Mit einer Projektorganisation sollten Sie immer das Ziel verfolgen, tatsächlich eigene Verantwortungsbereiche und Kompetenzen für das Projekt zu schaffen.* ■

Vorteile einer eigenen Projektorganisation

- Mit einer eigenen Organisationsform erhält die Projektleitung den nötigen Handlungsspielraum für eine effektive Steuerung und Kontrolle.
- Konflikte müssen nicht über die Hierarchien der Linienorganisation ausgetragen werden.
- Funktionsträger der Linienorganisation werden nicht mit zusätzlicher Arbeit belastet.
- Im Projekt können dafür Entscheidungen schneller getroffen und auf Fehler oder Krisen unmittelbarer reagiert werden, was Zeit und Kosten spart.

Bevor Sie sich für eine bestimmte Organisationsform entscheiden, sollten Sie bedenken:

- Zu enge organisatorische Vorgaben können im Team auf Widerstand stoßen. Schließlich handelt es sich um ein innovatives Vorhaben, das von den Mitarbeitern viel Eigeninitiative und neue Ideen, also ihr Kreativitätspotenzial fordert. Und allzu starre Reglementierungen können kreatives Denken zumindest behindern.

- Andererseits darf der Rahmen auch nicht zu weit gesteckt sein: Unterorganisation ist eine häufige Ursache für das Scheitern von Projekten. Sind Verantwortungsbereiche nicht klar abgegrenzt, ist nicht nur mit Verzögerungen und zu hohen Kosten, sondern auch vermehrt mit sachlichen und emotionalen Konflikten zu rechnen.
- Das Maß an Organisation muss dem Volumen des Projekts auch angemessen sein.

Die folgende Checkliste kann Ihnen helfen den Organisationsbedarf für Ihr Projekt festzustellen.

Checkliste: Organisationsbedarf

1 Welche vorhandenen Strukturen können und sollen für das Projekt genutzt werden? ____________________

2 Wie wird das Team organisiert?

- Wer sind die Teammitglieder? ____________________
- Wer wird Projektleiter? ____________________
- Wer ist wofür zuständig? ____________________
- Wer ist wofür verantwortlich? ____________________
- Wo liegen die Kompetenzen? ____________________

3 Was ist projektintern zu organisieren?

- Ergebnis- und sachorientierte Regeln: Wie soll das Projekt funktionieren? ____________________

- Regeln für die Zusammenarbeit: Wie stimmen sich die Beteiligten ab? ______
- Wie kann die Organisationsstruktur an geänderte Ziele oder Rahmenbedingungen angepasst werden? ______

4 Wie groß, komplex und langfristig ist das Projekt? ______

5 Welchen Stellenwert hat das Projekt im Verhältnis zum Tagesgeschäft finanziell und zeitlich? (Voll- oder Teilzeitprojekt, A- oder B-Projekt) ______

6 Gibt es im Unternehmen noch mehr Projekte und wie sind die Erfahrungen dort? ______

Der Projektorganisation kommt eine nicht zu unterschätzende Rolle zu. Sie soll einen Ordnungsrahmen schaffen, der einen reibungslosen Ablauf des Projekts garantiert. Das heißt, das Projekt darf nicht über-, aber auch nicht unterorganisiert sein.

Welche Organisationsform eignet sich wofür?

Es gibt fünf gängige Praktiken, Projekte zu organisieren, die wir Ihnen vorstellen wollen.

Projektmanagement in Linienfunktion

Das PM in Personalunion mit der Linienfunktion auszuüben, stellt eigentlich einen Grenzfall dar, denn hier verzichtet man auf die Einrichtung von Projektstellen – es gibt im Prinzip keine eigene Organisation. In der Praxis übernimmt z. B. ein Abteilungsleiter die Verantwortung, unterliegt in dieser Position jedoch einer Doppelbelastung. Die Folge: Oft treten die Projektaufgaben hinter das Tagesgeschäft zurück.

Merkmale

- keine Einrichtung projektspezifischer Stellen,
- Projekt nicht organisatorisch verselbständigt,
- bestehende Leitungsstelle übernimmt die Koordination.

Vorteile und Risiken

⊕ keine Organisationsänderung, alle Beteiligten kennen sich,

⊖ Projektgeschehen hat keine Priorität, keine Projektexperten beteiligt.

Geeignet für: sehr kleine, wenig komplexe Projekte, Projektvorbereitungen („Sollen wir das Projekt XY durchführen?").

Stabs-Projektorganisation

Auch hier bleiben die Mitarbeiter in ihren Abteilungen, und eine Führungskraft aus der Linienorganisation ist verantwortlich für das Projekt – und damit ebenfalls doppelt belastet. Die Koordination wird einem Projektstab anvertraut, der jedoch nur mit begrenzten Kompetenzen ausgestattet ist.

Merkmale

- Koordinationsstab zuständig für Informationssammlung, Entscheidungsvorbereitung, Berichterstattung,

- weisungsbefugt: Linienfunktionsträger,
- Projekt ist aus Fachbereichen ausgekoppelt.

Vorteile und Risiken

⊕ schnell realisierbar, der eigentliche Projektleiter aus der Linie wird entlastet, das Projekt erhält mit dem Stab eine eigene Instanz,

⊖ zeitaufwändige Informationwege, Konfliktgefahr zwischen Stab und Projektleiter, fehlende Autorität des Projektleiters.

Geeignet für: kleine, nicht-ressortübergreifende Projekte, Projektvorbereitungen.

Matrix-Projektorganisation

Diese sehr häufige Organisationsform beruht auf der Kompetenzaufteilung zwischen Linien-Führungskräften und einem Projektleiter. Dieser ist aber nur projektbezogen weisungsbefugt und entscheidet z. B. nicht (allein) über das Personal. Das Risiko dabei: Der Projektleiter muss mit Mitarbeitern klarkommen, die er nicht ausgesucht hat.

Merkmale

- Mitglieder bleiben in ihren Abteilungen und während der Projektarbeit disziplinar ihrem Vorgesetzten unterstellt,
- Projektleiter erhält nur das projektbezogene, fachliche Weisungsrecht.

Vorteile und Risiken

⊕ klare Kompetenzaufteilung bei der Projektleitung, flexibles System, Mitarbeiter haben keinen Leerlauf in der Arbeit,

⊖ Mitarbeiter sind Diener zweier Herren, Projektidentifikation kann fehlen, es kann ein Ressourcenwettbewerb zwischen Abteilungen und Projekt stattfinden.

Geeignet für: mittlere Projekte.

Projektorientierter Teilbereich

Diese Form entsteht, wenn in einem Fachbereich ein komplexes Projekt bearbeitet wird, das dann eigens und geschlossen organisiert wird. In diesem Fall ist die Arbeit in der Abteilung im Wesentlichen auf das Projektziel ausgerichtet. Der Projektleiter erhält ausreichend Kompetenzen, um das Team effektiv führen zu können.

Merkmale

- Projekte sind selbstständige Abteilungen eines Fachbereichs,
- Der Projektleiter ist für Projekt und Personal verantwortlich,
- Ressourcen sind fest zugeordnet,
- Projektziel steht im Vordergrund.

Vorteile und Risiken

⊕ Projektleiter hat weitreichende Kompetenzen, guter Informationsfluss, Mitarbeiter haben Stellensicherheit,

⊖ starre Ausrichtung auf Projektziel, hoher Personaleinsatz, erfordert hochqualifizierten Projektleiter.

Geeignet für: lange, komplexe Großprojekte.

Reine Projektorganisation

Das Projekt erhält eine völlig eigenständige Organisation, die Projektgruppe tritt nach außen geschlossen auf. Der Leiter trägt die volle Verantwortung für sein Team und ist meist auch Disziplinarvorgesetzter. Die abgestellten Mitarbeiter sind hochqualifiziert und beschäftigen sich nur mit dem Projekt. Diese Reinform der Projektorganisation bringt für die projektinterne Arbeit überwiegend Vorteile: die Zuständigkeiten sind klar verteilt, der Projektleiter hat hinreichende Kompetenzen etc. Die Risiken betreffen hier überwiegend die Beteiligten, weil sie nicht immer genau wissen, wie es nach Projektende für sie im Unternehmen weitergeht.

Merkmale

- eigenständige Organisation für das Projekt,
- Projektleiter trägt volle Verantwortung und ist in der Regel auch Disziplinarvorgesetzter,
- Mitarbeiter eigens für Projekt abgestellt bzw. eingestellt.

Vorteile und Risiken

⊕ hohe Projektidentifikation, leichtere Koordination, eindeutige Kompetenzen, Kontinuität und Know-how-Transfer, optimaler Einsatz aller Ressourcen für das Projektziel,

⊖ Personalbeschaffung schwierig, Auslastung der Mitarbeiter nicht immer gewährleistet, Isolierung der Projektmitarbeiter, Problem der Wiedereingliederung in das Unternehmen.

Geeignet für: große, lange und komplexe Projekte.

■ *Bei der reinen Projektorganisation ist oft nicht klar, wie es für die Beteiligten nach dem Projekt weitergeht. Hier sollte der Projektleiter versuchen Kontinuität für sich und seine Mitarbeiter sicherzustellen oder auszuloten, welche anderen Chancen das Unternehmen ihnen nach dem Projekt eröffnen kann.* ■

Wer gehört zum Projektteam?

Mit der richtigen Mitarbeiterauswahl stellen Sie als verantwortliche Führungskraft entscheidende Weichen für das Gelingen Ihres Projekts.

Das Projektteam hat gegenüber anderen Abteilungen, der Unternehmensleitung bzw. dem Auftraggeber die Funktion des Auftragnehmers. Es besteht von Beginn bis zur Auflösung des Projekts, wobei sich die Zusammensetzung der Mitarbeiter auch je nach Bedarf verändern kann. Das Team sind:

- der Projektleiter,
- alle vollzeitlich abgestellten Mitarbeiter,
- alle teilzeitlich mitwirkenden Mitarbeiter,
- externe Mitarbeiter,
- eventuell sporadisch tätige Berater.

Selten besteht bereits vor Beginn eines Projekts ein eingespieltes Team, das für das Projekt abgestellt werden könnte. Dies ist höchstens dann der Fall, wenn eine bereits organisierte Arbeitsgruppe ein Projekt durchführt. In der Regel muss jedoch erst ein Team gebildet werden, das sich aus ganz unterschiedlichen Abteilungen rekrutieren kann. Dazu müssen spezielle Mitarbeiter aus dem Unternehmen ausgewählt, neue eingestellt oder externe Mitarbeiter oder Berater beauftragt werden, die alle ihr aufgabenbezogenes Wissen in das Team einbringen sollen.

■ *Wenn Sie in einem Team arbeiten, sollten Sie sich immer einen Grundsatz vor Augen halten: Projektarbeit besteht aus vielen Situationen, in denen eine Gruppe bessere Ergebnisse erzielen kann als der Einzelne.* ■

Welche Teamgröße ist ideal?

Ein Team kann aus nur zwei, aber auch zehn oder mehr Mitarbeitern bestehen. In der Praxis werden kaum Teams mit mehr als fünfzehn Leuten gebildet, die Projekt-Kerngruppe überschreitet selten die Grenze von acht festen Mitarbeitern.

Als verantwortlicher Projektleiter müssen Sie sich genau überlegen, wie groß das Team werden darf, damit Sie Ihre Aufgaben noch in vollem Umfang wahrnehmen können.

- Je kleiner die Gruppe ist, umso einfacher ist die Steuerung des Teams, umso effektiver können Teamsitzungen geplant und Abstimmungen durchgeführt werden. Kommunikation und Informationsfluss verlaufen in kleinen Gruppen meist reibungslos.

Vor- und Nachteile unterschiedlicher Teamgrößen

Teamgröße	Pro	Contra
2 Mitarbeiter	• Partnerarbeit • gegenseitiger Gedankenaustausch	• Rivalität • Bedarf externer Experten
3 bis 4 Mitarbeiter	• flexible Arbeitsgruppe • leicht zu überblicken und zu steuern • Detailwissen für alle überschaubar	• bei 4 Mitarbeitern bei Entscheidungen Pattsituation möglich
5 bis 6 Mitarbeiter	• ideale Arbeits- und Entscheidungsgruppe • hohes Kreativitätspotenzial • Einvernehmen ohne großen Zeitverlust	• steigender Verwaltungs- und Kommunikationsaufwand • Detailwissen nicht mehr so leicht zu überblicken
7 Mitarbeiter	• Problemorientierung und -lösung • Kreativlösungen	• Overhead • erschwerte Kommunikation • Informationsaustausch wird aufwändiger
über 7 Mitarbeiter	Teilprojektbildung empfohlen	

- Je größer die Gruppe ist, desto mehr kreatives Potenzial hat sie und umso problemorientierter kann sie agieren. Aber dafür müssen Sie auch viele Meinungen unter einen Hut bringen. Außerdem nehmen Planungs- und Verwaltungsaufwand zu, die Verständigung im Team wird schwieriger und Entscheidungsprozesse dauern länger.

Wenn das Team zu groß wird

Häufig steigt der projektinterne Arbeitsaufwand in der fortgeschrittenen Realisierungsphase, besonders dann, wenn der Termindruck stärker wird. Dann kann es vorkommen, dass das Personal entgegen der ursprünglichen Planung aufgestockt werden muss. Die Vergrößerung des Teams birgt jedoch einige Risikofaktoren, die Sie im Blick behalten sollten:

- Bei der Integration neuer Teammitglieder entsteht zunächst ein großer Informationsbedarf mit erheblichem Kommunikationsaufwand.
- Der mit der Vergrößerung verbundene erhöhte Verwaltungsaufwand kann den Projektfortschritt bremsen.
- Für teaminterne Entscheidungsfindung (z. B. in Abstimmungsgesprächen) ist mit steigendem Zeitbedarf zu rechnen.
- Die Teambereitschaft der Mitarbeiter kann sich reduzieren.
- Das Projektmanagement wird weniger effektiv, die Arbeit des Projektleiters wird erschwert.

Begehen Sie nicht den Fehler, die Gruppe in Stressphasen zu stark zu vergrößern – sonst können Sie das Team eigentlich nicht mehr im Griff halten.

Ob das gesetzte Projektziel erreicht werden kann, hängt nicht von dem Einsatz möglichst vieler Mitarbeiter ab. Eine unüberschaubar gewordene Projektgruppe erschwert nur Führung und Steuerung des Projekts und kann sogar zum Arbeitsstillstand führen.

Teilprojekte bilden

Wenn das Projektteam mehr als sieben oder acht Mitarbeiter hat, sollten Sie sich für eine Teilprojekt-Bildung entscheiden, d. h. in der Organisationsform Zwischenhierarchien einschalten und auch Verantwortung abgeben. Die Hierarchisierung kann

- nach dem Muster der Linienorganisation erfolgen oder
- mehrdimensional organisiert werden im Sinne einer Matrix-Teamorganisation (siehe Seite 65).

Nach der Teamvergrößerung sollten Sie als Projektleiter folgende Notwendigkeiten checken:

1. Zuständigkeiten neu ordnen, erforderlichenfalls die Aufgaben neu gliedern und umverteilen, Pläne anpassen.
2. Kompetenzen genau festlegen.
3. Die bisherigen Informationswege eventuell erweitern, z. B. Besprechungen der Teilprojektleiter einführen.
4. Das Team auf die neue Situation vorbereiten.

Worauf es bei der Bildung des Teams ankommt

Jeder wünscht sich für sein Team natürlich „die Besten". Oft entscheidet zunächst die fachliche Qualifikation, wer am Projekt teilnimmt. Keine Frage, dass im Team bestimmte Fähigkeiten vertreten sein müssen. Technisches Know-how kann hier ebenso gefragt sein wie Organisationstalent, Analysefähigkeit, Softwarekenntnisse und anderes mehr.

Auch das persönliche Profil zählt

Neben den fachlichen und methodischen Fähigkeiten verlangt Projektarbeit in einem Team von den Mitarbeitern aber auch bestimmte persönliche Kompetenzen – die berühmte Teamfähigkeit ist gefragt. Nur dass darunter auch recht unterschiedliche Sachen verstanden werden.

Teamfähigkeit bedeutet ...

- eine gute Mischung verschiedener Fähigkeiten: Entscheidungen treffen und kreative Lösungen finden können, neben fachlichen und funktionellen Sachkenntnissen auch über kommunikative und soziale Stärken verfügen;
- die Bereitschaft, sich in das Team einzugliedern, aufgabenorientiert zu handeln, sich für die gemeinsame Sache einzusetzen, kurz: mit anderen an einem Strang zu ziehen;
- wechselseitig Verantwortung zu übernehmen nach dem Motto: „Was uns betrifft, betrifft auch mich."

Die Checkliste auf Seite 82 kann Ihnen bei der Auswahl der richtigen Mitarbeiter helfen.

Auf die gelungene Mischung kommt es an

Wenn Sie das Team fomieren, achten Sie aber nicht nur darauf möglichst qualifizierte und teamfähige Mitarbeiter zu gewinnen. Auch die richtige Zusammensetzung der Gruppe ist ein wichtiger Erfolgsfaktor. Hierbei gilt es die persönlichen Fähigkeiten jedes Einzelnen zu berücksichtigen und gleichzeitig eine ideale Mischung zu erreichen. Ein völlig harmonisches Team muss dabei nicht zwangsweise die beste Lösung sein. Denken Sie daran, dass in einem Team immer auch unterschiedliche Rollen zu besetzen sind.

Die Zusammenstellung sollten Sie abhängig vom Ziel Ihrer Aufgabe machen:

- Bei klaren Zielen und für eine schnelle Umsetzung eignet sich ein harmonisches Team, bei dem sich einer auf den anderen verlassen kann.
- Wollen Sie neue, kreative Ergebnisse, kann eine Mischung aus unterschiedlichen Persönlichkeiten durchaus gewinnbringend sein. Kontroversen können, solange sie sachlich ausgetragen werden, zu unkonventionellen Lösungen führen und das Team als Ganzes weiterbringen.
- Andererseits können Sie aber auch bestimmte, unerwünschte Konfliktquellen von vornherein ausschließen, etwa indem Sie vermeiden, dass zwei Mitarbeiter zusammenkommen, die eine starke persönliche Abneigung gegeneinander hegen oder in Konkurrenzkampf miteinander liegen.

Wer soll das Projekt leiten?

Für die Projektleitung kommen meist mehrere Personen aus dem Unternehmen in Betracht, z. B. eine Führungsperson aus einer höheren Managementebene, ein Mitarbeiter aus dem auftraggebendem Fachbereich oder auch ein externer Berater. Die Tabelle auf Seite 76 zeigt Ihnen die Vor- und Nachteile der verschiedenen Besetzungen auf.

Daneben bestehen auch folgende Möglichkeiten der Leitungsdelegation, die sich in der Praxis aber nur bedingt als geeignet erwiesen haben:

- Das Projektteam organisiert sich selbst.
- Es werden phasenspezifische Projektleiter ernannt.
- Es wird ein Projektleiterteam gebildet.
- Es wird ein „Feierabendprojektleiter" ernannt.

Wir brauchen einen Superstar

An Projektleiter werden in der Regel recht hohe Anforderungen gestellt. Sie sollen nicht nur wirtschaftlich denken können, durchsetzungsfähig, flexibel, souverän, handlungsorientiert, dynamisch, entscheidungsfreudig, selbstbewusst, selbstkritisch und hochintelligent sein und damit Topmanager-Qualitäten aufweisen, sondern auch noch auf möglichst vielen Gebieten glänzen.

Wenn Sie Generalist und dabei auch Systematiker, Superplaner und gleichzeitig Praktiker, Organisator und trotzdem ein kreativer Kopf sind, als Vermittler gerne zwischen allen

Wer wird Projektleiter?

Besetzung	Pro	Contra
Führungskraft aus Topmanagement (Information/ Organisation/ Datenverarbeitung)	• Managementprofi mit Projekterfahrung • ressourcenbewusst • immer greifbar • neutral	• „Superlösung“ • ist auf Mitarbeit des Fachbereichs angewiesen • Projekt tritt neben Tagesgeschäft
Mitarbeiter aus Fachbereich	• Manager mit Sacherfahrung • kostenbewusst • erfahren in seinem Bereich • bedingt greifbar • subjektiv interessiert	• kurzfristige, lokale Sicht • Verschleierungsmöglichkeit • u. U. wird Dokumentation vernachlässigt • Mauschelei • Bindung von Fachkapazität
Unternehmensberater	• Guru, Pophet • Projekt- und/oder Sacherfahrung • terminbewusst • Erfahrungstransfer aus anderen Unternehmen • greifbar im Projekt • neutral	• Auftragssicht, keine Identifikation mit Unternehmen • Ruf des Propheten (Misstrauen der Mitarbeiter) • Vertragsklauseln • nur Geschriebenes gilt • nach Projekt nicht mehr greifbar

Stühlen sitzen, Härte zeigen und doch mit psychologischem Einfühlungsvermögen persönliche Konflikte lösen können, es lieben Krisen zu managen und „die Karre aus dem Dreck zu ziehen" und am besten auch noch Hellseher mit dem totalen Durchblick sind – dann müssten Sie in der Projektleitung Ihre Bestimmung gefunden haben.

Sie merken schon, als Projektleiter sollten Sie eine ganz besondere Führungspersönlichkeit verkörpern. Was auf keinen Fall für eine Besetzung ausreicht, sind rein fachliche Qualifikationen.

Beispiel

Wer leitet das Projekt?

Der Starprogrammierer des Unternehmens, der sich am liebsten in seinem Zimmer von der Umwelt abschottet und Tag und Nacht tüftelt, ist ebensowenig zwangsläufig der beste Kandidat für das Projekt „Einführung von SAP" wie der Spezialist aus der Rechnungsabteilung, der zwar fachlich hoch qualifiziert ist, sich im Umgang mit Menschen aber eher scheu und zurückhaltend gibt.

Auf diese Qualifikationen kommt es an

Unzweifelbar sind neben Managerqualifikationen auch gute Menschenkenntnisse gefragt, um ein Projektteam zu leiten:

- Der Projektleiter sollte neben den üblichen Führungsqualitäten einen kooperativen Arbeitsstil besitzen.
- Er muss Menschen einschätzen, anleiten, integrieren, fördern, motivieren und fortbilden können.
- Um innovative Leistungen zu erbringen, braucht er selbst nicht nur eine gehörige Portion Fantasie und Kreativität, sondern muss auch kreatives Denken zulassen und entsprechende Techniken vermitteln können.

- Um das Projekt – auch unternehmensintern – zu vertreten, sollte er über viel Motivation und Durchsetzungsvermögen verfügen, aber auch diplomatisch geschickt agieren können und nicht in Konkurrenzmustern denken.

Nach Einschätzung vieler Projektleiter ist die Fähigkeit, sein eigenes Projekt durchboxen zu können, sogar ausschlaggebend für den Erfolg des Vorhabens. Es kann durchaus vorkommen, dass Sie, um Ihr Projekt voranzutreiben, auf der einen Seite das Team ständig motivieren, gleichzeitig aber auch verantwortliche Leitstellen des Unternehmens von Ihren Plänen, Ihrer Arbeit und Ihren Ergebnissen überzeugen müssen – das bedeutet, Sie haben eventuell nicht nur interne, sondern auch projektexterne Hindernisse zu überwinden.

■ *Tatsächlich scheitern viele Projekte nicht an inhaltlichen Schwierigkeiten, sondern an Krisen, die sich auf der Beziehungsebene abspielen. Hier sind die persönlichen Fähigkeiten des Teamleiters entscheidend.* ■

Soll ich das Projekt übernehmen?

Ab Seite 83 finden Sie einen Test zur Selbsteinschätzung, der Ihnen hilft Ihre Fähigkeiten als Projektleiter auszuloten. Sie können nicht auf allen Gebieten top sein, aber Sie werden merken, wo Ihre Stärken liegen, die Sie ausbauen können, und an welchen Schwächen Sie noch gezielt arbeiten sollten.

Hier noch einige Tipps, die Ihnen bei Ihrer Entscheidung zusätzlich weiterhelfen können:

- Bestimmte Kenntnisse können Sie sich auch aneignen, etwa in Seminaren über PM oder auf Schulungen, manches können Sie sich auch anlesen.

- Denken Sie daran, dass Sie nicht nur aus Ihrem eigenen Erfahrungsschatz schöpfen, sondern auch von anderen lernen können. Sprechen Sie mit Projektleitern aus Ihrem Unternehmen über deren Erfahrungen, lassen Sie sich Tipps über Methoden und Techniken geben, schauen Sie Kollegen über die Schulter.

- Lassen Sie sich jedoch niemals ein Projekt aufdrängen, das Ihnen eine Nummer zu groß erscheint, Ihnen nicht sinnvoll vorkommt oder Ihnen aus anderen Gründen nicht zusagt.

- Sammeln Sie im Vorfeld möglichst viele Informationen und Meinungen über das Projekt. Versuchen Sie dabei, einen Blick „hinter die Kulissen" zu werfen: Womöglich gibt es Schwierigkeiten mit dem Auftraggeber oder das Projekt ist eine rein politische Entscheidung. Vielleicht gab es auch im Vorfeld schon enorme Differenzen, oder das Projekt wird gegen die Interessen der Beteiligten durchgeboxt und Sie stehen dann vor einer unmotivierten Mannschaft.

Wie Sie Ihre Aufgabe optimal wahrnehmen können

Die Kompetenzen, die Sie als Projektleiter haben, lassen sich in Kürze folgendermaßen umreißen:

- fachliche Entscheidungs- und Weisungsbefugnis innerhalb der vorgegebenen Rahmenbedingungen,
- finanzielle und – je nach Projektorganisation – auch disziplinarische Befugnisse,

- „Forderungsrecht" gegenüber beteiligten Fachabteilungen (Personal, Information).

Kooperation geht nur über Information

Als Projektleiter stehen Sie aber nicht allein auf weiter Flur. Gibt es einen Lenkungsausschuss für das Projekt, dann müssen Sie mit ihm kooperieren. Er will informiert sein und Ergebnisse sehen. Mit ihm teilen Sie auch die Aufgaben des Änderungsmanagements. Auf der anderen Seite entlastet er Sie jedoch auch, indem er Ihre Entscheidungen absegnet.

Wenn der Lenkungsausschuss Ihre Vorlagen verabschiedet, trägt er auch die weitere Verantwortung für die entsprechenden Entscheidungen mit. Dann sollten Sie sich auch nicht scheuen bei Problemen auf seine Unterstützung zurückzugreifen.

Optimal arbeiten Sie mit Ihnen vorgeschalteten Stellen aber nur zusammen, wenn Sie eine offene Politik betreiben. Die Personen, die für Sie wichtig sind, müssen Sie immer informieren; denn nur so ist dann in heiklen Situationen gewährleistet, dass Sie auch Rückendeckung bekommen. Information und Abstimmung sind also die wichtigsten Voraussetzungen, damit Sie dann auch frei agieren können. Klären Sie, an wen Sie welche Informationen weitergeben müssen. Überlegen Sie,

- wieviel Einfluss der Lenkungsausschuss oder andere PM-Stellen haben,
- wer auf Ihrer Seite steht,
- wann mit wem welche Arbeitsergebnisse abgestimmt werden müssen,

- welche Änderungen von wem genehmigt werden müssen,
- ab wann Sie das Management über Abweichungen im Verlauf informieren und um Unterstützung bitten müssen.

Idealerweise haben Sie möglichst viel Entscheidungsfreiheit, die sich auch auf die Personalkompetenz erstreckt.

Das richtige Zeitmanagement

Um Ihre Aufgaben gut erfüllen zu können, brauchen Sie nicht nur Kompetenzen und Unterstützung von anderen Stellen, sondern auch Zeit. Und so sollte Ihr Zeitmanagement etwa aussehen:

30 % für Projektplanung und Überwachung,
25 % für Koordination des Projektteams,
20 % für Koordination der beteiligten Fachbereiche,
10 % für die Kommunikation mit Vorgesetzten,
15 % für Administration.

Das bedeutet, wenn bei der Projektrealisierung die Planungsaufgaben weniger werden, müssen Sie sich mindestens 20 Prozent Ihrer Kapazität für die Überwachung und Steuerung freihalten. Aber denken Sie daran: Mit wachsender Teamgröße wachsen Kommunikation und Koordination überproportional; dann sollten Sie die technische Administration delegieren und alle fachlichen Aufgaben eventuell an einen Projektsupport übergeben.

Viele nützliche Hilfen, die Sie bei der Erfüllung Ihrer Aufgaben unterstützen können, finden Sie im TaschenGuide *Selbstmanagement*.

Checklisten: Mitarbeiter und Projektleiter

Die Checkliste „Profil Projektmitarbeiter" soll Ihnen helfen, zu beurteilen, welche Mitarbeiter für Ihr Projekt geeignet sind. Anschließend können Sie mit der Checkliste „Selbsteinschätzung Projektleiter" Ihre eigenen Fähigkeiten testen.

Checkliste: Profil Projektmitarbeiter

Mitarbeiter:	Bewertung
Kompetenz	
• fachliche Kompetenzen	________
• methodische Kompetenzen	________
• zusätzliche Qualifikationen	________
Persönlichkeit	
• Selbstständigkeit	________
• Durchstehvermögen	________
• Problemlösungskompetenz	________
• analytisches und systematisches Denken	________
• Verantwortlichkeit für das Projekt	________
• Selbstorganisation	________
• Aufgeschlossenheit für das Projekt	________
• Aufgeschlossenheit für nicht am Projekt Beteiligte	________
Teamfähigkeit	
• Kooperationsfähigkeit	________
• Diskussionsfähigkeit	________
• Kompromissfähigkeit	________
• Verantwortungsgefühl	________
• Interesse an persönlicher Weiterentwicklung	________

Checkliste Selbsteinschätzung Projektleiter: Testen Sie Ihre Fähigkeiten

Worauf es bei der Projektleitung ankommt		JA
Teamfähigkeit	1 Arbeiten Sie lieber in der Gruppe als still vor sich hin?	❑
	2 Sind Sie eher extrovertiert als introvertiert?	❑
	3 Können Sie in verschiedene Rollen schlüpfen, sind Sie anpassungsfähig?	❑
	4 Haben Sie kein Problem damit andere für ihre Leistungen zu loben?	❑
Durchsetzungsvermögen	5 Nehmen Sie Ihre Kompetenzen auch wahr und delegieren Sie Aufgaben?	❑
	6 Können Sie andere überzeugen?	❑
Ergebnisorientiertheit	7 Behalten Sie Ihre Ziele im Auge?	❑
	8 Sind Sie ausdauernd und beständig?	❑
Handlungsorientiertheit	9 Halten Sie sich für risikobereit und entscheidungswillig?	❑
	10 Sind Sie motiviert und voller Energie?	❑
Problemorientiertheit	11 Konzentrieren Sie sich in Problemsituationen mehr auf die Suche von Lösungen als auf Schuldzuweisungen oder Selbstmitleid?	❑
	12 Denken Sie in Stresssituationen: „Jetzt gebe ich erst recht nicht auf?“	❑

Zukunfts-orientiertheit	**13** Agieren Sie, statt zu reagieren?	❑
	14 Entwickeln Sie Lösungen, bevor Sie jemand danach fragt?	❑
Frustrations-toleranz	**15** Können Sie Misserfolge verkraften ohne destruktive Gefühle zu bekommen?	❑
	16 Können Sie Belohnungen auch aufschieben?	❑
Vernetztes Denken	**17** Können Sie auch indirekte, weitläufige Konsequenzen erkennen?	❑
	18 Fällt es Ihnen leicht komplexe Zusammenhänge zu erkennen, behalten Sie die Übersicht?	❑
Generalist	**19** Halten Sie Ihre Kenntnisse eher für breit als tief, für systematisch und prinzipiell als detailliert? Sind Sie neugierig?	❑
Identifizierung mit dem Projekt	**20** Können Sie Ihr Projekt anderen verkaufen?	❑
	21 Ist Ihnen das Projekt wichtiger als die Interessen einer Abteilung?	❑
Ökonomist	**22** Haben Sie ein Gespür für wirtschaftliche Chancen und Risiken?	❑
	23 Haben Sie den Mut, ein unwirtschaftliches Projekt abzubrechen?	❑
Positives Selbstvertrauen	**24** Haben Sie weder soziale Ängste noch Scheu vor Kollegen?	❑

	25 Können Sie auch mit Autoritäten souverän umgehen?	❑
	26 Sind Sie generell zuversichtlich, wenn Sie neue Aufgaben angehen?	❑
Kommunikations-fähigkeit	**27** Sind Sie dialogfähig und können Sie Impulse anderer aufnehmen und umsetzen?	❑
	28 Haben Sie ein Gespür für die Interessen anderer?	❑
Urteilsfähigkeit	**29** Sind Sie fähig zur Selbstkritik, können Sie aus Fehlern lernen?	❑
	30 Können Sie Stärken und Schwächen bei anderen erkennen?	❑

Wann und wie beginnt ein Projekt?

Sind alle informiert?

Bei Ihren Vorbereitungen ist es wichtig, dass Sie auch alle, die vom Projekt direkt oder indirekt betroffen sind, informieren:

- Ihren eigenen Vorgesetzten,
- die Unternehmensleitung bzw. entsprechende PM-Führungskräfte,
- den Auftraggeber,
- die Vorgesetzten Ihrer Teammitglieder,
- die Mitarbeiter selbst,
- alle, auf deren Aufgaben das Projektergebnis Auswirkungen hat.

Nicht selten kommt der Startschuss „von oben". Wenn Sie ein Projekt erst genehmigen lassen müssen, dann müssen Sie

1 eine Vorstudie erstellen, in der Sie den sachlichen Inhalt des Projekts, die terminlichen Vorstellungen, die personellen Voraussetzungen und wirtschaftliche Überlegungen festhalten,

2 dann das Projekt formal anfordern (hierfür gibt es meist genormte Anträge).

■ *Bevor Sie das Projekt beantragen, klären Sie, wer das Projekt genehmigt, wer was im Einzelnen zu entscheiden hat und was an den verantwortlichen Stellen von Ihnen erwartet wird.* ■

Sind die Voraussetzungen erfüllt?

Erst, wenn folgende Voraussetzungen erfüllt sind, kann das Projekt wirklich starten:

1 Der Auftraggeber, meist die Unternehmensleitung, muss rechtzeitig vor Beginn alle Abteilungen und Führungskräfte über den Bedarf an qualifiziertem Personal informiert haben.

2 Der Projektleiter wird ernannt und von anderen Aufgaben freigestellt.

3 Die Unternehmensleitung oder PM-Stellen vergeben den Projektauftrag, in dem Aufgabenbeschreibung, betroffene Abteilungen und Projektziele festgehalten sind.

4 Mit dem externen Auftraggeber werden Vorstellungen über Qualität, Termine, Kosten und Ressourcen abgestimmt.

5 Das Team wird gebildet; dazu wird geklärt, wo die Kompetenzen der Mitarbeiter liegen und wie lange sie im Projekt mitwirken.

Das Projekt startet dann mit einer konstituierenden Sitzung, an der Auftraggeber, Projektleiter und Team, Abteilungsleiter und eventuell Vertreter des Betriebsrates, der Revision usw. teilnehmen. Dabei erläutert der Auftraggeber Inhalt und Zielsetzung des Projektes, Projektleiter und Team werden vorgestellt und ihre jeweiligen Aufgaben dargelegt. Die Beteiligten lernen sich 'offiziell' kennen und beginnen mit der für die Projektarbeit so wichtigen Kommunikation (Seite 104).

■ *Eine alte Projektregel lautet: „Wie ein Projekt anfängt, so hört es auch auf."* ■

Projekte durchführen

Es kann noch viel passieren

Keine Frage, dass Projekte einen erheblichen Planungsaufwand erfordern; schon lange vor dem eigentlichen Start müssen Sie sich als Führungskraft mit Zielen, Strategien und geeigneten Bearbeitungsmethoden auseinander setzen.

Dennoch ist nicht alles planbar. Eine veränderte Marktsituation überrascht Sie, der Auftraggeber verlangt zusätzliche Produktmerkmale oder ein Projektziel erweist sich auf einmal als nicht realisierbar. Dies verlangt ein wirksames Änderungsmanagement, denn auch unvorhergesehene Ereignisse sollten das Projekt nicht gefährden – dafür steht bei den meisten Unternehmen zu viel auf dem Spiel.

Und was in jedem Projekt schließlich passieren kann, ist, dass es an den Menschen scheitert, die daran beteiligt sind. Zwischenmenschliche Krisen, Konflikte im oder mit dem Team, aber auch das, was man allgemein als „Politik" bezeichnet, bringen viel mehr Projekte zum Erliegen als Hindernisse auf der sachlich-inhaltlichen Ebene.

▪ *Die meisten Projekte bergen nicht nur ein hohes finanzielles Risiko, auch bei der Projektabwicklung können immer neue Unwägbarkeiten auftreten, die einen erfolgreichen Abschluss gefährden.* ▪

Das Projekt sicher im Griff

Sie haben nun Ihr Projekt von langer Hand vorbereitet, es durch die Genehmigungsphase gebracht, sorgfältige Pläne ausgearbeitet und ein hoffentlich hochmotiviertes Team zusammengestellt. Nun muss nur noch gearbeitet werden. Und dabei müssen Sie sicherstellen, dass auch alles „nach Plan verläuft".

Planen ist wichtig, Kontrolle entscheidend

Nach der Planung werden Sie als Projektleiter zum Steuermann. Sie müssen das Projekt sicher in Richtung „Ziele" lotsen – die Sie hoffentlich gut dokumentiert haben. Aber wenn Sie in Ihrer Planung sorgfältig gearbeitet haben, dann dürfte die Zielorientierung kein Problem sein.

Schwieriger ist es hingegen das Projekt auch bei Sturm auf Kurs zu halten. Die Sicherheit, dass die Pläne eingehalten und damit die Ziele erreicht werden, erhalten Sie nur durch Kontrolle. Sie fragen dabei:

- Sind wir auf dem richtigen Weg?
- Liegen wir noch in der Zeit?
- Halten wir die Kosten ein?
- Entsprechen die Ergebnisse unseren Vorstellungen und den Vorstellungen des Auftraggebers?
- Wie hoch ist die Wahrscheinlichkeit, gemessen am bisherigen Fortschritt unser Projektziel nach Plan zu erreichen?

Was kann alles kontrolliert werden?

Zu unterscheiden von der projektinternen, ergebnisorientierten Kontrolle durch den Projektleiter ist die Kontrolle, die das Projekt als Ganzes im Blick hat. Dafür ist meistens eine Instanz von außen verantwortlich, z. B. der Lenkungsausschuss, ein Revisor oder eine extern eingesetzte Prüfungsgruppe. Im Prinzip kann diese übergeordnete Projektkontrolle alles beinhalten, was in der Planungs- und Organisationsphase des Projekts festgelegt oder auch versäumt wurde. Die folgende Checkliste, die sich noch beliebig erweitern ließe, zeigt, wie enorm wichtig die Planung nicht nur für einen guten Start, sondern auch für die Steuerung eines Projekts ist. Als Projektleiter können Sie die Liste als Grundlage für eine Selbstkontrolle verwenden.

Checkliste: Projektkontrolle

	Ja
Wurden die Ziele verbindlich festgeschrieben?	❑
Wurden Meilensteine definiert?	❑
Wurden Methoden festgelegt?	❑
Sind die Kompetenzen eindeutig geklärt?	❑
Werden regelmäßig Teambesprechungen durchgeführt?	❑
Werden in allen Sitzungen Protokolle erstellt?	❑
Werden regelmäßig Arbeitsergebnisse geprüft und abgenommen?	❑
Werden Qualitätskontrollen durchgeführt?	❑
Genügt die Qualität den Anforderungen des Auftraggebers?	❑
Werden Prüfungsverfahren angewendet?	❑

Werden regelmäßig Berichte über durchgeführte Arbeiten, Zeitaufwand oder noch anstehende Arbeiten verfasst?	❑
Werden die Berichte auch gelesen und weitergeleitet?	❑
Liegt eine monatliche Tagesterminplanung vor?	❑
Sind die Termine zu halten? Wenn nicht, welche Termine sind realistisch?	❑
Werden Terminliste oder Balkendiagramm regelmäßig überarbeitet?	❑
Werden eingehaltene und nicht erreichte Termine dokumentiert und zwischen allen kommuniziert?	❑
Wird der Kostenplan eingehalten?	❑
Werden die Gründe für Termin- und Kostenüberschreitungen analysiert und festgehalten?	❑
Werden die richtigen Leute rechtzeitig mit den richtigen Informationen versorgt?	❑
Stimmen unsere Vorstellungen noch mit denen des Auftraggebers überein?	❑

Die Ergebnisse überwachen

Viele Projektfortschritte sind messbar. Sie müssen dazu die Soll-Werte der Pläne mit den aktuell ermittelten Ist-Werten vergleichen. Sie können klare Zahlen vorlegen, wenn Sie etwa die monatlich geplanten Kosten, z. B. für ein Arbeitspaket, mit den tatsächlich angefallenen Kosten vergleichen, sobald das Arbeitspaket wirklich abgeschlossen ist. Sie können geplante und tatsächlich eingehaltene Termine für bestimmte Aktivitäten oder Meilensteine einander gegenüberstellen. Und Sie können Zwischenergebnisse oder Produkt-Arbeitspakete aus den Plänen mit den erzielten Ergebnissen konkret vergleichen, wenn Sie bestimmte Qualitätsstandards festgelegt haben.

Nicht alle Fortschritte sind in Zahlen messbar

Nicht alle Projektfortschritte lassen sich jedoch in Zahlen ausdrücken. Wenn z. B. ein Computerprogramm entwickelt oder eine Marktstrategie entworfen wird, gibt es nicht zu jedem Zeitpunkt klar abgrenzbare Zwischenergebnisse oder konkrete Messdaten. Dann können Sie nur über die Kapazität bzw. Arbeitsstunden abschätzen, ob Sie noch gut im Rennen liegen und das Phasenprodukt oder Endergebnis nach Plan erreicht werden kann oder nicht.

Fortschritte des Teams

Auch auf die Entwicklung der Teamarbeit sollten Sie achten. Der Projektfortschritt kann sich nämlich durchaus auch darin zeigen, wie effektiv Besprechungen durchgeführt werden, wie gut Kommunikation und Information funktionieren, wie motiviert die Mitarbeiter sind, wie sich das Team weiterentwickelt etc. Natürlich sind solche Fortschritte, auch „weiche" Daten genannt, – abgesehen davon, dass sie vielleicht gar nicht im Zielkatalog festgehalten wurden – schwer verifizierbar; aber wenn Sie hier Fortschritte erkennen können und keine Stagnation, dann dürfte sich Ihr Projektteam recht gut eingespielt haben.

Qualität sichern

Erinnern wir uns an die Ziele des Projektmanagements, die im „magischen Dreieck" zum Ausdruck kommen: Projektendtermin, Projektkosten und Qualität müssen gesichert sein. Ob Termine und Kosten eingehalten werden, interessiert natürlich auch den Auftraggeber. Wenn ein bestimmtes Produkt das Projektendziel ist, wird er der Qualität des Ergebnisses jedoch vielleicht noch mehr Beachtung schenken.

Qualitätssicherung ist wichtig, um

- die Zufriedenheit des Kunden sicherzustellen,
- die Motivation der Mitarbeiter zu fördern,
- die Nachfolgekosten, die z. B. durch Wartung, Reparatur, oder gar Rücknahmen entstehen können, zu minimieren,
- Projektrisiken zu vermeiden,
- das Image des Unternehmens nicht zu gefährden, sondern zu verbessern,
- im Wettbewerb konkurrenzfähig zu bleiben.

Wie können Sie nun die Qualität im PM sichern? Hierfür gibt es keine allgemeingültige Methode, kann es auch aus verschiedenen Gründen nicht geben, denn an Projekten arbeiten nicht nur unterschiedliche Fachleute mit verschiedenen Methoden mit, sondern es ist auch ein großer Unterschied, ob ein Serienprodukt, eine Anlage oder ein Computerprogramm erstellt wird.

Es gibt natürlich auch bewährte Managementinstrumente, die eine Steigerung der Qualität zum Ziel haben. So kann etwa Qualitätsmanagement sicher auch in der Projektarbeit sinnvoll sein. Aus Platzgründen können wir nicht näher auf einzelne Instrumente eingehen, wollen Ihnen jedoch ein paar Tipps geben, auf was es bei der Qualitätssicherung ankommt.

Tipps für die Qualitätssicherung

- Stimmen Sie sich mit dem Auftraggeber oder Kunden rechtzeitig über die erwarteten Qualitätsmerkmale ab. Stellen Sie sicher, dass beide Seiten unter den – schriftlich fixierten – Merkmalen auch das Gleiche verstehen. Sonst kann es passieren, dass Sie an den Vorstellungen des Auftraggebers vorbeiproduzieren.
- Auch zuviel Qualität kann am Bedarf vorbeigehen. Vielleicht will Ihr Kunde nur einen einfachen Taschenrechner, den er überall hin mitnehmen kann, und Sie und Ihr Team entwickeln eine hochkomplizierte Rechenmaschine.
- Beziehen Sie das ganze Team in die Qualitätssicherung ein. Jeder Einzelne muss sich für das Erreichen des Qualitätsziels verantwortlich fühlen.
- Setzen Sie Meilensteine. Führen Sie regelmäßige Qualitätskontrollen durch. Suchen Sie Wege, um die erreichte Qualität messen und beurteilen zu können. Reflektieren Sie, was noch verbessert werden kann. Beteiligen Sie auch den Auftraggeber an den Qualitätsprüfungen.
- Achten Sie schon in der Anfangsphase auf die Einhaltung der Qualität. Steuern Sie Fehlern möglichst frühzeitig entgegen. Versäumte Korrekturen werden gegen Projektende immer teurer.
- Halten Sie sich an den Grundsatz „Nicht nachträglich prüfen, sondern vorbeugend für Qualität sorgen." Das bedeutet: Schaffen Sie im gesamten Produktionsfeld die besten Voraussetzungen für gute Qualität, vor allem ausreichende Ressourcen und motivierte Mitarbeiter.

Beispiel

Qualitätsmerkmale bei DV-Projekten

Bei Softwareprodukten werden häufig als Qualitätsmerkmale verlangt:
- zuverlässig und robust
- fehlerfrei und wartungsfreundlich
- bedienungsfreundlich und benutzerkomfortabel, verständlich
- gut dokumentiert
- änderungs- bzw. erweiterungsfreundlich
- portabel, d.h. übertragbar auf andere Hard- oder Software
- funktional und effizient

Für eine Qualitätskontrolle in einem DV-Projekt gibt es verschiedene Möglichkeiten diese Anforderungen zu überprüfen. Zwischenergebnisse können am einfachsten durch Tests kontrolliert werden, z. B. durch Probeinstallation, Akzeptanztests mit Benutzern, Testdurchläufe bei den Auftraggebern. Daneben wird die Qualität durch regelmäßige Walk Throughs, Reviews, die Auswertung der Statusberichte etc. kontrolliert.

Was tun, wenn die Ist-Zahlen abweichen?

Sie stellen fest, dass Teilziele oder Termine nicht erreicht wurden oder realistischerweise nicht erreicht werden können. Dann müssen Sie steuernd eingreifen. Versuchen Sie aber vorher dem Problem durch Information und Kommunikation auf die Spur zu kommen.

Klären Sie deshalb zunächst in einer Team-Besprechung:

- Woran liegt es, dass die Zahlen abweichen?
- Stimmen die Zahlen überhaupt?
- Wo gab es Probleme?

- Wie kann man sie lösen?
- Sind die anderen Ziele noch erreichbar? Mit welchem Aufwand und bis wann?
- Wenn nicht, wer ist zu informieren?

Konsequenzen ziehen

Wenn Änderungen unausweichlich werden, müssen Sie Ihren Vorgesetzten und den Auftraggeber auf jeden Fall informieren und sich mit ihnen über mögliche Konsequenzen abstimmen. Dazu kann es auch gehören bestimmte Ziele aufzugeben, Mitarbeiter auszutauschen, mehr Personal anzufordern oder die Pläne anzupassen. Möglicherweise wird auch eine erneute Prüfung des Problems notwendig.

Eine Gelegenheit, Fehler zu reflektieren

Jede Abweichung von den Zielen ist eine Gelegenheit zu fragen, welche Ursachen dahinter stecken, und eventuelle Fehler zu analysieren. Dies ist eine Aufgabe, die im Team erfolgen sollte. Dabei sollten Sie auch Ihr eigenes Verhalten und Ihre Entscheidungen hinterfragen und nicht die Schuld automatisch bei anderen suchen. Überlegen Sie, ob sich bestimmte Dinge hätten vermeiden lassen können. Was hätte man besser machen können? Und was ist der Grund dafür gewesen, warum Beteiligte so und nicht anders gehandelt haben? Gibt es unter Umständen bestimmte Verhaltensmuster von Teammitgliedern oder von Ihnen, die Sie immer wieder vor vergleichbare Probleme stellen?

> *Nehmen Sie Fehlentscheidungen zum Anlass an sich zu arbeiten. Und denken Sie daran: Nur wer bereit ist aus eigenen Fehlern zu lernen, wird sie in Zukunft vermeiden.*

Mit dem Team arbeiten

Projektarbeit ist Teamarbeit. Unserer Ansicht nach hängt erfolgreiches PM daher auch ganz entscheidend von psychologischen Kriterien ab. Das bedeutet für die Praxis: Der Teamgedanke muss eine tragende Säule der Projektarbeit und des PM bilden. Hier kommt es nicht nur auf die besonderen Kompetenzen des Projektleiters bei der Teamsteuerung an, sondern auch auf das Verhalten jedes einzelnen Mitarbeiters.

Was gehört dazu?

Die Kompetenzen des Teams werden meist abgesteckt durch Richtlinien, die vom PM vorgegeben werden. Bei der Durchführung des Projekts kann das Team jedoch frei agieren. Es wählt die Methoden und Werkzeuge selbst aus, die ihm angemessen erscheinen. Obwohl das Team also viel Spielraum hat, sich selbst zu organisieren, braucht es natürlich trotzdem eine Führung – allerdings mit dem richtigen Führungsverständnis: Auch als Projektleiter müssen Sie sich teamfähig verhalten. Doch zunächst zu den Aufgaben des Teams.

Das Projektteam hat folgende Aufgaben:

- Mit dem Projektleiter die Lösungswege abstimmen, um die Ziele zu erreichen.
- Die sachlichen Ergebnisse, die in eigener Verantwortung erzielt wurden, mit den anderen Beteiligten zu kommunizieren und abzustimmen.
- Konstruktive und kreative Lösungen für Probleme, die das ganze Team betrifft, zu finden.

- So genannte „Walk Throughs" durchführen, d.h. mit Hilfe bestimmter Techniken die erzielten Ergebnisse testen.
- Wöchentlich Rückmeldungen über den Stand der Arbeiten an den Projektleiter geben.
- Informationen an alle Betroffenen weitergeben.
- Aktiv an den Teamsitzungen teilnehmen.
- Sich in Schulungen weiterbilden und an Maßnahmen zur Teamentwicklung (siehe Seite 111) teilnehmen.
- Das PM unterstützen.

Der Witz der Teamarbeit liegt im Gruppeneffekt. Das bedeutet, dass nicht die Leistungen Einzelner, sondern erst die Fähigkeiten und Anstrengungen aller Mitarbeiter zusammen den Erfolg bringen (Synergieeffekt).

Warum die ersten Sitzungen so wichtig sind

Im ersten Treffen des Projektteams liegt oft schon der Schlüssel für eine weitere fruchtbare Zusammenarbeit. Sie können die erste Sitzung zum allgemeinen Kennenlernen und zu einer globalen Vorstellung des Projekts nutzen. Dabei sollten Sie noch keine detaillierten Informationen weitergeben oder die Arbeit bereits delegieren, sondern erst einmal alle Mitarbeiter nach ihrer Meinung zum Projekt fragen. Ganz wichtig ist es dabei eine offene Athmosphäre zu schaffen, Kritik aufzunehmen, dabei jeden zu Wort kommen zu lassen, sich aber nicht in unfruchtbare Diskussionen zu verfransen.

Dann können Sie in der zweiten Sitzung mit dem eigentlichen Projektstart beginnen. Hier etwa besprechen Sie ausführlich die Projektziele, erarbeiten den ersten Strukturplan, verteilen die Aufgaben (wenn Sie dies nicht in Gesprächen unter vier Augen machen wollen), legen die Spielregeln für Organisation, Information und Kommunikation fest etc.

■ *In den ersten Sitzungen sollte die Gruppe erreichen, dass sich alle Beteiligten gut kennenlernen und die Rollen festgelegt werden, eine Identifizierung mit dem Projekt erfolgt und ein Wir-Gefühl, also Teamgeist entsteht.* ■

Sich auf Verhaltensweisen einigen

Wie klappt die Zusammenarbeit im Team? Diese Frage spielt immer wieder eine Rolle bei einem Projekt. Zum Beispiel sollte niemand seinen Kollegen Informationen vorbehalten, um sich selbst zu profilieren. Auf der anderen Seite sollte jedem klar sein, dass niemand perfekt ist – Fehler werden immer gemacht und niemand ist davor gefeit selber welche zu machen. Jedes Projekt enthält so viele Unwägbarkeiten, dass keiner ernsthaft mit einem problemlosen Ablauf rechnen kann. Ein offener Umgang mit Problemen ist daher genauso wichtig wie der Abbau von Konkurrenzdenken.

Das Team kann sich daher auf bestimmte Grundsätze oder Verhaltensweisen einigen, damit der Umgang miteinander fair verläuft und die Teamarbeit eine „soziale" Grundlage hat. Folgende Vorsätze können Sie als Orientierungshilfe nehmen, aber natürlich auch eigene Regeln aushandeln.

10 Vorsätze für die Teamarbeit

1. Im Projekt wird Verantwortung aufgabenbezogen und nicht hierarchiebezogen ausgeübt.
2. Niemand sollte wichtige Informationen zurückhalten.
3. Wenn abzusehen ist, dass wichtige Ziele gefährdet sind, sollte das sofort angesprochen werden.
4. Wir sprechen offen über Probleme und arbeiten gemeinsam an ihrer Lösung.
5. Wir fragen uns nach jeder Entscheidung: „Was kommt danach?"
6. Alles, was einmal definiert wurde, kann auch wieder umdefiniert werden.
7. Wir haben die Muße fortlaufend zu reflektieren und unsere Ergebnisse in Frage zu stellen.
8. Rückschläge nutzen wir dazu nach den Ursachen zu forschen und es beim nächsten Mal besser zu machen.
9. Wir laufen nicht den Stärken von anderen nach, sondern bauen unsere eigenen auf.
10. Wir bemühen uns dicht am Kunden zu bleiben und uns immer wieder mit seinen Vorstellungen abzustimmen.

Das Team kompetent führen

Eine Voraussetzung für gute Arbeit im Team ist, dass Sie als Projektleiter von Ihren Mitarbeitern akzeptiert werden. Genauso wie Sie Erwartungen an Ihr Team haben, ist es auch umgekehrt.

Das Team erwartet etwa:

- eine klare und gerechte Delegation der Aufgaben,
- einen Arbeitsstil, der sich durch „begründen statt befehlen" manifestiert,
- eine gewisse Transparenz der Entscheidungsfindung,
- Kooperationsfähigkeit,
- Kommunikationsfähigkeit,
- fachliche und menschliche Autorität.

10 Vorsätze des Projektmanagers

Folgende positive Verhaltensweisen können Sie bestimmt noch aufgrund Ihrer eigenen Erfahrungen ergänzen:

1. Ich identifiziere mich mit dem Projektthema.
2. Ich stelle das Team unter kreativen produktiven Druck und sorge dafür, dass sich ständig neue Motivationsstrukturen entwickeln.
3. Ich denke positiv. Der Satz „Nein, das geht nicht" fällt in meinem Team schwer.
4. Ich habe Erfolg, wenn mein Team erfolgreich ist.
5. Ich bin mir bewusst, dass jedes Missmanagement bei den menschlichen Beziehungen beginnt.
6. Ich versuche, auf die vielfältigen Erwartungen von allen Seiten flexibel zu reagieren und lasse Änderungen zu.
7. Ich beziehe Autorität nicht aus meiner Position, sondern aus meinen Aufgaben.

8 Ich bin hart in der Sache, aber fair und respektvoll gegenüber Menschen.

9 Ich profiliere mich nicht auf Kosten anderer.

10 Ich baue kein Schattenmanagement gegenüber der vorhandenen Firmenstruktur auf.

Voraussetzungen für gute Teamarbeit

Teamarbeit ist nicht zu verwechseln mit Gruppenzwang. Das bedeutet, Teamarbeit kann nicht von oben verordnet werden, nur weil sich die Unternehmensleitung davon z. B. gerade Kosteneinsparungen verspricht. Ein Team sollte auch nie als Selbstzweck gesehen werden, sondern als Mittel zum Zweck. Daher sollte vor der Teambildung grundsätzlich die Frage gestellt werden: „Ist es auch sinnvoll für die anstehende Aufgabe ein Team zu bilden?"

Feststeht, dass Teamarbeit dort gefragt ist, wo es um eine Aufgabe geht, die von einer Gruppe einfach besser erledigt werden kann als von verschiedenen Einzelpersonen, die unabhängig voneinander und still vor sich hinarbeiten. Der Synergieeffekt der Teamarbeit tritt aber nur ein, wenn bestimmte Voraussetzungen gegeben sind.

Gute Ausgangsbedingungen liegen vor, wenn prinzipiell

- Konsens über die Ziele besteht,
- Einigkeit über die Vorgehensweise herrscht,
- gemeinsame Normen befolgt werden,
- Rollen und Rollenverteilung geklärt sind.

Wann ist das Team gut?

Die Projektgruppe ist nur dann wirklich ein gutes Team, wenn sie auch aus eigener Motivation heraus die berühmte Teamfähigkeit fördert und praktiziert. Das heißt, die Beteiligten haben selbst ein Interesse daran ein herausforderndes Ziel gemeinsam zu erreichen. Sie haben den Wunsch zusammenzuwachsen und dabei zu lernen. In erfolgreichen Teams herrscht nicht nur der Wille, sich persönlich weiterzuentwickeln und Erfolg zu haben, sondern das eigene Weiterkommen in den Dienst der gemeinsamen Aufgabe zu stellen. Sicher gibt es auch in guten Teams Konflikte – aber diese werden von ihnen dazu genutzt, sich als Gruppe weiterzuentwickeln. (Hierzu mehr ab Seite 114.)

Der Teamarbeit gehört die Zukunft. Denn es ist unbestritten, dass Teams nicht nur produktiver sind, sondern auch schneller lernen können.

Ein gutes Team haben Sie, wenn

- sich alle darüber im Klaren sind, dass sie zusammen in einem Boot sitzen,
- alle an einem Strang ziehen,
- sich einer auf den anderen verlassen kann,
- die Sicherheit herrscht, dass jeder im Projekt etwas gewinnt,
- alle in dem Bewusstsein arbeiten persönlich und als Gruppe etwas bewegen zu können,
- eine offene Haltung herrscht und jeder bereit ist vom anderen etwas zu lernen,

- sich alle gegenseitig respektieren und Hilfsbereitschaft signalisieren, wenn es zu Problemen kommt,
- die Zusammensetzung unterschiedlicher Persönlichkeiten mit verschiedenen Denkansätzen nicht als störend empfunden, sondern als Stärke gesehen wird,
- effektiv gearbeitet wird und das Team zu hochwertigen Ergebnissen kommt.

„Jeder gewinnt" – wenn dieses Gefühl bei allen vorhanden ist, ist schon eine wichtige Voraussetzung für die Entwicklung von Teamgeist gegeben.

Dokumentieren, informieren, kommunizieren

Im Projekt sind idealerweise nicht nur alle Teammitglieder ständig über die wichtigsten Ereignisse und den Stand des Projekts informiert, sondern die Ziele, Pläne, Vorgänge, Ergebnisse, Statusberichte, aber auch Abstimmungen und wichtige Absprachen sollten allen zugänglich sein, die davon betroffen sind. Daher sollte zwischen den Beteiligten ein permanenter Informations- und Dokumentationsfluss in Gang gehalten werden. Eine Projektdokumentation kann etwa für Neueinsteiger hilfreich sein, als Grundlage für eine systematische Abschlusskontrolle oder als Erfahrungsschatz für zukünftige Projekte dienen.

Welche Informationen sind wichtig?

Gesammelt und sichergestellt werden können theoretisch alle Informationen, die mit dem Projekt zusammenhängen. Allerdings sollten Sie und Ihre Mitarbeiter sich die Frage stellen, welche Informationen wirklich relevant sind für das Projekt, und für wen welche Informationen im Einzelnen wichtig sind. Wenn blindlings alles gesammelt und abheftet wird und schließlich als unüberschaubarer Aktenwust in einem Schrank im Keller landet, wird dies kaum jemandem nützen. Ein Fehler wäre es natürlich auch, nichts über das Projekt herauszulassen. Eine offene Informationspolitik, vor allem von Ihrer Seite aus, gibt den Beteiligten Einblick und schafft dadurch auch Vertrauen.

Achten Sie daher darauf, dass

- nicht zu wenig Information,

- aber auch nicht zu viel Information

kursiert. Vermeiden Sie auf jeden Fall „Infomüll". Denn wer ist noch motiviert seine Mailbox abzufragen, wenn er weiß, dass täglich 50 Nachrichten darin landen, die zum Großteil nichts bringen?

■ *Denken Sie auch immer an Ihren Kunden oder Auftraggeber im Unternehmen, wenn es um wichtige Mitteilungen und Berichte über das Projekt geht. Wenn Sie hier keine offene Politik verfolgen, kann es sein, dass der Kunde vom Projektergebnis überrascht wird, weil Sie ihn nie über notwendig gewordene Richtungsänderungen aufgeklärt haben.* ■

Was soll dokumentiert werden?

Klären Sie im Team, welche Informationen wie aufbereitet werden. Legen Sie am besten schon in der ersten Teamsitzung fest:

- Wer erhält Informationen (Verteiler)? Dabei kommen Sie selbst in Frage, Ihr Vorgesetzter und/oder Auftraggeber, Beteiligte, aber auch zufällig Betroffene, wenn etwa bestimmte Ergebnisse für eine nicht mit dem Projekt befasste Abteilung wertvoll sein können.
- Welche Dokumente sind dann aktuell für wen bis wann zu erstellen?
- Mit welchen Inhalten und in welcher Form? Hier ist wichtig, dass Management und Unternehmensführung verdichtete Informationen erhalten.
- Von wem werden sie erstellt (Verfasser)?
- Bis wann (Abgabetermin)? Wie rasch können die Informationen erfügbar sein?
- Wo werden sie abgelegt?

Denken Sie auch daran alle im Vorfeld gelaufenen, relevanten Aktivitäten zu dokumentieren. Überprüfen Sie die Maßnahmen zur Information auch immer wieder.

Auch wenn Sie ein formales Berichtsystem, z. B. durch EDV unterstützt, verwenden, sollte der Nutzen im Vordergrund stehen: Wesentlich ist, dass die Informationen schnell verfügbar sind, die richtigen Informationen weitergegeben werden und auch hier niemand mit unnötigen Mitteilungen belastet wird.

Durch nichts zu ersetzen: Besprechungen

Selbst das ausgeklügelste Informations- und Berichtswesen kann die mündliche Kommunikation in einem Projekt nicht ersetzen. Nicht nur, dass im Gespräch der aktuellste Stand thematisiert werden kann. Besonders in individuellen Mitarbeitergesprächen erfahren Sie wichtige weiche Daten über das Projekt wie Beurteilungen über den Zusammenhalt oder die Fortschritte des Teams, Motivation der Mitarbeiter etc. Auch persönliche Einstellungen, Befürchtungen, Konkurrenzgefühle oder Ärger, alles möglicherweise Ursachen für Konflikte, können Sie am ehesten im persönlichen Gespräch aufspüren.

Damit ein reibungsloser Informationsfluss gewährleistet ist, sollten zumindest folgende Meetings vereinbart werden:

- Das Team trifft sich zu so genannten Statussitzungen mindestens einmal zu Beginn jeder Phase und einmal bei Phasenende, besser noch wöchentlich (in großen Projekten) oder monatlich (in kleinen Projekten).
- An täglichen Kurz-Meetings sollten die Teammitglieder teilnehmen, die die Verbindung zu den Fachabteilungen halten; sie berichten über die einzelnen Verantwortungsbereiche und geben Rückmeldungen zu den Terminen.

Zudem sollten Sie auch immer das Einzelgespräch unter vier Augen suchen.

▪ *Entgegen einer weitverbreiteten Ansicht ist intensive Kommunikation in Projekten keine vertane Zeit. Regelmäßige Besprechungen im Team und informelle Gespräche sind wichtig für den Informationsaustausch, die Konsensbildung und die kooperative Problemlösung.* ▪

Worauf bei Teamsitzungen zu achten ist

Je besser Teamsitzungen geplant und je systematischer sie durchgeführt werden, desto effektiver verlaufen sie. Beachten Sie folgende Punkte:

- Suchen Sie einen geeigneten Raum aus, in dem eine kreative Atmosphäre aufgebaut und ungestört gearbeitet werden kann. Es sollten Visualisierungsinstrumente wie Flip-Chart oder Overheadprojektor zur Verfügung stehen.
- Gehen Sie nur gut vorbereitet in jedes Meeting. Verlangen Sie dies auch von den Teilnehmern.
- Lassen Sie jede Sitzung protokollieren. Die Protokolle sollen dann jedem zugänglich sein.
- Legen Sie gemeinsam eine Tagesordnung fest, die nicht zu überladen ist.
- Handeln Sie neben den Verhaltensnormen für die Teamarbeit auch Spielregeln für die Kommunikation aus.

Eine Vielzahl an Tipps für Besprechungen erhalten Sie übrigens im gleichnamigen TaschenGuide.

Durststrecken überwinden

In fast allen Projekten gibt es Durststrecken. Sei es, dass die Motivation der Mitarbeiter nachlässt (was wiederum auf vielfältige Gründe zurückgehen kann), ein bestimmtes Problem unlösbar scheint, der Auftraggeber mit einem Zwischenergebnis unzufrieden ist oder Unsicherheit über den Fortbestand des Projekts besteht. Und dann kann es passieren, dass sich auf einmal auch die Stimmung im Team erheblich verschlechtert: Man spürt, dass sich anstelle der anfänglichen Begeisterung Frust und Unlust breitmachen, in den Sitzungen Spannungen zu Tage treten, die Leistung der Mitarbeiter ganz allgemein nachlässt, sich immer mehr Beteiligte enttäuscht über den Projektverlauf äußern oder ganz offen ihrem Ärger Luft machen. Jetzt ist es höchste Zeit einzugreifen, damit es nicht zu Krisen kommt oder gar der Projekterfolg gefährdet wird.

Bei solchen Dursstrecken kommt es auf zwei Dinge an:

- die Teammitglieder zu motivieren und
- das Team weiterzuentwickeln.

Das Team weiterentwickeln

Kommt es zu massiven Problemen bei der Zusammenarbeit oder zu schwer wiegenden Differenzen zwischen Team und Projektleiter, sollten Sie eine Teamfortbildung ins Auge fassen. Oder Sie merken während des Projekts, dass Meetings zusehends uneffektiv verlaufen, immer häufiger Missverständnisse auftreten oder die Motivation und Identifikation mit dem Projekt nachlässt. Auch dann ist es höchste Zeit über Maßnahmen, die auf der Beziehungsebene greifen, nachzudenken, über Teamentwicklung.

Was passiert bei einer Teamentwicklung?

Das kann heißen das Team durch Einkauf von Training oder Seminaren begleitend zum Projektverlauf zu schulen – in allen Aspekten, die sich auf die Beziehungsebene und die Zusammenarbeit beziehen.

Dies kann zum Beispiel

- Kommunikation,
- systematische Arbeit,
- Entwicklung von Spielregeln,
- Durchführung von Meetings,
- Informationsaustausch und Dokumentation

und anderes mehr betreffen. Wichtig ist, dass bei einer solchen Maßnahme am Anfang im Team geklärt wird, welche Probleme anstehen und was eigentlich erreicht werden soll. Wenn alle Aspekte diskutiert und ausgewertet wurden, müssen Sie überlegen, wie die Ziele erreicht werden können. Am Ende sollten Sie gemeinsam prüfen, was das Seminar gebracht hat und wo weitere Verbesserungen nötig sind.

Ganz wesentlich kommt es hier natürlich auf die Rolle des Seminarleiters oder Beraters an. Wenn Sie sich dazu entschließen das Team mit Hilfe von außen zu entwickeln, sollten Sie sich um eine kompetente Persönlichkeit bemühen.

Häufig ist es mitten im Projektverlauf schon zu spät für eine Teamentwicklung. Der sicherste Weg ist bereits bei der Bildung des Projektteams damit zu beginnen.

Es gibt aber auch noch folgende Möglichkeiten:

- Teamentwicklung kann man als einen Prozess verstehen, den das Team während seiner Arbeit durchmacht im Sinne eines „learning by doing" mit dem Ziel permanent seine Leistung und seine Kommunikation zu verbessern. Im

Klartext: Das Team rauft sich zusammen und arbeitet an sich.

- Und schließlich kann es auch zur Teamentwicklung gehören, dass der Projektleiter Mitarbeiter austauscht, wenn es mit Einzelnen zu so schwer wiegenden Konflikten kommt, dass das Projekt ausgebremst wird.

Egal, wie die Teamentwicklung aussieht: Sie sollte immer zum Ziel haben, etwas zu verbessern, bevor Fehler auftreten.

Wenn die Motivation nachlässt

Normalerweise herrschen in der Projektarbeit Bedingungen, die sich positiv auf die Motivation der Mitarbeiter auswirken: Eine innovative und komplexe Aufgabe bringt nicht nur neue und abwechslungsreiche Tätigkeiten mit sich, sondern stellt auch an das Können und die Kreativität jedes Einzelnen besondere Anforderungen. Von daher spornt ein Projekt die Beteiligten meist mehr an als die Routine.

Dennoch kann es passieren, dass die Motivation im Team nachlässt. Gründe hierfür können sein:

- zu geringe, aber auch zu hohe Anforderungen, vor allem in der Lernphase,
- zu viele Aufgaben auf einmal, eventuell auch zu viele Verpflichtungen in anderen Projekten oder in der Fachabteilung,
- zu großer Termindruck,
- zu wenig Handlungsspielraum, d. h. zu enge Vorgaben, was die Erfüllung der Aufgaben betrifft,

- zu wenig Feed-Back von seiten des PM oder des Projektleiters,
- zu wenig Anerkennung vom Kunden oder Auftraggeber,
- fehlender Teamgeist, teaminterne Konflikte,
- im schlimmsten Fall die Erkenntnis, dass das Projekt sinnlos ist.

Zudem kann es natürlich immer passieren, dass sich der einzelne Mitarbeiter unterbezahlt oder ungerecht behandelt fühlt oder persönliche Konflikte die Teamarbeit behindern.

Als Projektleiter können Sie solchen Motivationstiefs vorbeugen oder entgegenwirken. Versuchen Sie, die inhaltlichen Aufgaben so zu gestalten, dass die oben genannten Ursachen erst gar nicht eintreten. Als besonders wichtig für die Förderung der Motivation hat sich auch erwiesen, dass Kompetenzen in einem Projekt ganz klar abgesteckt sind.

Tipps zur Motivationsförderung

- Achten Sie darauf, dass Konsens über die Ziele besteht – denn wer ein Ziel nicht akzeptiert, wird sich kaum dafür einsetzen, dass es erreicht wird.
- Die gesteckten Ziele und die Aufgaben sollten immer eine Herausforderung sein, die Mitarbeiter aber auch nicht völlig überfordern.
- Klären Sie Aufgaben, Kompetenzen und Verantwortung in Delegationsgesprächen mit den Mitarbeitern. Die im Projekt anfallenden Routinetätigkeiten sollten Sie möglichst gleichmäßig verteilen.

- Überzeugen Sie Ihre Mitarbeiter davon, dass sie auch schwierige Aufgaben bewältigen können. Ermuntern Sie sie dazu eigene Visionen zu entwickeln.
- Versuchen Sie alle Mitarbeiter gerecht und fair zu behandeln.
- Signalisieren Sie, dass Sie immer erreichbar und für ein persönliches Gespräch bereit sind.
- Unterstützen und fördern Sie die Teammitglieder gemäß ihren individuellen Fähigkeiten und Interessen.
- Motivieren Sie die Beteiligten zur Kooperation und zum Informationsaustausch. (Hier gilt, was oben bereits für die Voraussetzungen für die Teamarbeit gesagt wurde.)
- Betreiben Sie eine „offene Politik“: Begründen Sie Ihre Entscheidungen und beziehen Sie das Team eventuell in die Entscheidungsfindung mit ein. Halten Sie keine Informationen zurück.
- Sprechen Sie Ihre Kritik, aber auch Lob und Anerkennung immer sofort aus.
- Geben Sie auch in Frustphasen Feedback.
- Die gemeinsame Aufgabe sollte für jeden eine lohnende Sache sein.
- Bieten Sie Anreize durch persönliche Prämien.

Es scheint in der Praxis nicht selten vorzukommen, dass der Auftraggeber bei Fehlern sofort Alarm schlägt, erbrachte Leistungen jedoch als selbstverständlich ansieht und daher kaum darauf reagiert. Dann sollte zumindest vom Projektleiter die nötige positive Rückkoppelung kommen.

Konflikte erkennen und vermeiden

Mit ein paar Beispielen und Tipps wollen wir Ihnen nun noch das schwierige Thema „Konflikte im Projekt" näherbringen. Unsere Ausführungen an dieser Stelle können allerdings in Anbetracht der komplexen Vorgänge in einem Team nicht vollständig sein.

Wo entstehen Konflikte?

In jedem Projekt treten Hindernisse und Konflikte auf – und zwar viel eher sozialer als inhaltlicher Art. Ein Projektleiter, der behauptet, bei ihm gäbe es keine Schwierigkeiten, ist entweder ein Schönredner, ein Verdränger oder sein Team ist ihm eigentlich vollkommen fremd – und in allen drei Fällen wird er damit selbst zu einem Problem für das Projekt. Tatsächlich könnten die Möglichkeiten, Konfliktpotenzial in ein Projekt einzubauen oder dem Vorhaben Steine in den Weg zu legen, hier endlos aufgezählt werden.

Konflikte im Team

Häufig läuft im Team etwas schief, weil Absprachen nicht eingehalten werden, Mitarbeiter sich überlastet fühlen, rigide Planvorgaben die Arbeit bremsen, Informationen nicht weitergeleitet werden, nicht klar ist, wer was zu tun hat, Rivalitäten im Projekt ausgetragen werden, zu wenig besprochen wird, einzelne Mitarbeiter unmotiviert sind oder sich drücken, die Chemie zwischen Projektleiter und Team nicht stimmt, und und und.

Als ganz typische Konfliktquellen können Sie die folgenden vier Bereiche im Auge behalten:

- Uneinigkeit über Ziele, Aktivitäten und die Richtung,
- unrealistische Schätzungen und Pläne,
- fehlender Teamgeist,
- zwischenmenschliche Konflikte.

Beispiel

Ein Planungsfehler?

Sie haben eine bestimmte Aufgabe nicht unmissverständlich delegiert, da es Ihnen offensichtlich schien, dass sie erledigt werden muss. Unglücklicherweise taucht sie auch auf keinem Plan noch irgendeiner Terminliste auf. Unmotivierte Mitarbeiter können sich in solchen Fällen immer herausreden mit „Hat mir ja keiner gesagt, dass ich das tun soll." Und Sie müssen sich dann erst einmal um die Erledigung kümmern. Wenn Ihnen jedoch schon seit geraumer Zeit dämmert, dass an der entscheidenden Stelle ein „Bremser" sitzt, der das Projekt eher als Zeitvertreib betrachtet, hätten Sie die Aufgabe womöglich klar delegiert oder gleich jemand anderem anvertraut.

Projekte werden von Menschen geplant und durchgeführt. Und menschliche Einflussfaktoren lassen sich nicht vorhersagen oder programmieren. Wer psycho-soziale Prozesse im Team berücksichtigt, kann sowohl den komplexen Anforderungen eines Projekts als auch den Bedürfnissen der Teammitglieder besser gerecht werden.

Konflikte zwischen Projektleiter und anderen Stellen

Reibereien können auch über der Projektebene entstehen, wenn etwa Differenzen zwischen Management und Projektleiter nicht ausgeräumt werden können, verantwortliche Stellen auf einmal nicht mehr hinter dem Projekt stehen, ein Konkurrenzkampf zwischen Abteilungen und Projektstellen herrscht, über die Kompetenzverteilung zwischen Linien- und Projektmanagement gerangelt oder um Ressourcen gestritten wird.

Sie haben es als Projektleiter kaum in der Hand, solche Spannungen oder Bedrohungen zu verhindern. Aber wer sensibel genug gegenüber Stimmungen ist und Warnzeichen zu deuten weiß, kann drohende Konflikte vielleicht rechtzeitig orten und ihnen mit entsprechenden Maßnahmen entgegensteuern.

Was tun bei Konflikten im Team?

Beispiel

Konkurrenz zwischen Mitarbeitern

Eine nicht zu unterschätzende Konflikquelle ist Konkurrenz zwischen den Mitarbeitern. Betrauen Sie zwei Kontrahenten in einer Projektgruppe mit einer gemeinsamen Aufgabe, können Sie sicher sein, dass hier genügend Stoff geliefert wird die Atmoshpäre im Team zu vergiften. Und wer seine Mitarbeiter diesbezüglich nicht genau kennt, kann natürlich böse Überraschungen erleben.

Fehlendes „Wir-Gefühl"

Werden Termine schon in einer frühen Phase verschleppt, ohne dass Konsequenzen gezogen werden, weil jeder nur vor sich hin wurstelt, müssen später immer mehr Beteiligte darunter leiden. Es treten Folgefehler auf, deren Ursache man dann nicht mehr so einfach feststellen kann. „Ja, da hatten wir keinen Einfluss drauf." – „Hättet ihr doch mal eher ..." – „Warum sollen denn wir jetzt auf einmal Schuld sein ..." So lauten dann die Vorwürfe, die sich die Streithähne um die Ohren hauen. Und ob der Konflikt in einer solchen Athmosphäre noch zu lösen ist, bleibt fragwürdig. Wer frühzeitig merkt, dass das Team nicht an einem Strang zieht, sollte sich lieber bald neue Leute ins Boot holen.

„Konfliktmanagement" fängt am besten immer mit Konfliktvermeidung an. Ist ein Konflikt erst einmal eskaliert, wird es schwierig das Team wieder zusammenzuschweißen. Daher gilt: Je früher die Gefahr erkannt wird, desto eher lässt sie sich auch bannen.

Worauf kommt es an?

Bei der Erkennung von Konfliktpotenzialen kommt es ganz besonders auf Ihre Fähigkeit an Menschen einzuschätzen und gruppendynamische Prozesse zu erkennen.

- Achten Sie darauf, wie die Zusammenarbeit funktioniert. Werden Verantwortungen übernommen und Aufgaben erfüllt? Agiert das Team zielorientiert? Kommen kreative Vorschläge zu Stande?
- Schätzen Sie jeden Mitarbeiter einzeln ein. Prüfen Sie, welche Rolle er in der Gruppe übernimmt, ob diese Rolle seinen Fähigkeiten und Aufgaben entgegenkommt und ob sie von den anderen akzeptiert wird.
- Integrieren Sie Außenseiter. Auf Kosten anderer sollte sich niemand im Team profilieren können.
- Hat das Team eine gute Kommunikationskultur? Werden Informationen weitergegeben? Werden Probleme offen angesprochen oder etwa nur „hintenherum" weitergereicht?
- Ist das Team konfliktfähig, kann es mit Hindernissen von außen und mit internen Schwierigkeiten umgehen?
- Besteht Einigkeit im Team, oder gibt es Mitglieder bzw. Gruppen, die sich gegenseitig bekämpfen oder ignorieren?

Sobald konkrete Probleme auftreten, sollten Sie versuchen sie in einer Teamsitzung anzusprechen. Dabei sollten allerdings Schuldzuweisungen vermieden und zuerst einmal gemeinsam nach den Ursachen geforscht werden. Wenn das Team fähig ist das Problem offen zu erörtern, kann es auch kooperativ nach einer Lösung suchen. Häufig geht es eher um emotionale Konflikte. d. h. bestimmte Sachprobleme werden vorgeschoben, wenn es eigentlich um Gefühle geht. Emotionen dürfen aber kein Tabu sein. Sie sollten jedoch gerade hier auf eine sachliche und faire Auseinandersetzung achten.

Es gibt eine Reihe von Strategien, mit denen Konflikte gelöst werden können, ob die Parteien nun verhandeln, sich auf einen Machtkampf einlassen, der Projektleiter als Schiedsrichter eine Entscheidung herbeiführt, der Konflikt einfach aufgeschoben oder doch noch kooperativ gelöst wird. Hier können Sie sich nur von Ihren Erfahrungen, der jeweiligen Situation und den aktuellen Bedingungen leiten lassen. Auf jeden Fall sollten Sie nicht abwarten, bis es zur Eskalation kommt. Denken Sie auch noch an die Möglichkeit der Teamentwicklung, unter Umständen mit Hilfe eines Trainers.

Viele Tipps und weitere Information zum Konfliktmanagement erhalten Sie übrigens im TaschenGuide „Konflikte im Beruf". Und wenn Sie mehr zur Führung und Entwicklung von Teams wissen wollen, hilft Ihnen der TaschenGuide „Teams führen" weiter.

Projekte erfolgreich zum Abschluss bringen

Zum Schluss die Ergebnisse prüfen

Bei der abschließenden Kontrolle sollten Sie den gesamten Projektverlauf daraufhin untersuchen, ob die Ziele (Qualität, Budget, Termine) auch erreicht wurden. Nicht nur das Endergebnis (Produkt) sollten Sie dabei im Auge haben, sondern auch den Projektverlauf. Sie fragen dabei:

- Wie war der Plan – wie ist das Ergebnis?
- Warum gab es Abweichungen?
- Welche zusätzlichen Ergebnisse haben wir erzielt?
- Wie hat sich das Team entwickelt?

Eine Produktprüfung kann auch erst nach einiger Zeit erfolgen, z. B. bei einer Softwareentwickung drei bis sechs Monate, nachdem der Auftraggeber das System erhalten hat. Dabei sollten Sie den Kunden einbeziehen.

Was gehört dazu?

Im Einzelnen können folgende Punkte abschließend überprüft werden, wobei wir uns hier auf die für den Projektverlauf relevanten Daten beschränken:

- **Termine:** Soll-Ist-Vergleich, Analyse der Abweichungen. Warum wurden die Termine überschritten? Was sind typische Ursachen für die Verzögerungen?
- **Personal:** Auswertung der Kapazitäten. Wo lagen Schwachstellen? Welche sind typisch und können in zukünftigen Projekten berücksichtigt werden? Wo gab es Probleme (Führungsprobleme, Kompetenzen, Zusammenarbeit, Arbeitsverteilung, Kontinuität nach dem Projekt, Konflikte)?
- **Kosten:** Wie hoch sind die tatsächlichen Kosten? Welche Faktoren haben die Kostenüberschreitung verursacht?

Zudem können Sie bestimmte Kennzahlen festschreiben, die als Maßstäbe oder Erfahrungswerte für andere Projekte hilfreich sind, zum Beispiel:

- Fluktuationsquote: Wie viele Mitarbeiter sind gegangen, wie viele kamen dazu, wie viele haben durchschnittlich pro Phase mitgearbeitet?
- Krankenstand,
- Erfahrungsstand der Mitarbeiter (unerfahren, erfahren, sehr erfahren), evtl. bezogen auf einzelne Phasen,
- Aufwand des Projekts: nach Tätigkeiten gegliedert, im Team, für die Projektleitung, für intern und projektextern Beteiligte,
- Anzahl der Änderungen pro Phase,
- Kosten der Änderungen,
- Anzahl an Tests, Reviews.

Auch jetzt müssen Sie wieder alle, die vom Projekt direkt oder indirekt betroffen sind, über den Abschluss und die Ergebnisse informieren.

Hier überlegen Sie wieder:

- Für wen ist die Dokumentation (Berichte etc.)?
  - Wer war beteiligt?
  - Wer sind die Kunden?
  - Wer im Unternehmen braucht die Ergebnisse (Vorgesetzte, Unternehmensleitung etc.)?
  - Wem sonst könnten die Ergebnisse von Nutzen sein?
- In welcher Form ist die Dokumentation sinnvoll?
- Wer soll sie bis wann erstellen?

Das Ende bewusst gestalten

Jedes Projekt sollte einmal ein Ende finden. Dies ist jedoch gar nicht so selbstverständlich, wie es auf den ersten Blick scheint. Sehen wir einmal von solchen Projekten ab, die wegen inhaltlicher Probleme unrealisierbar geworden sind oder bei denen sich die Rahmenbedingungen so verändert haben, dass ihr Ende bewusst herbeigeführt wurde, dann können Projekte auch noch ganz anders scheitern.

Beispiel

Wie Projekte nicht zu Ende gehen sollten

Das Projektteam und der Projektleiter schieben das Ende immer wieder wegen angeblich dringender Zusatzaufgaben hinaus. Dabei schaffen sie es, alle anderen mit Scheinergebnissen zu blenden. So gut wie dieses Projekt wurde noch keines unternehmensintern verkauft. Aber so wenig hat auch noch keines gebracht.

Das Projekt schleppt sich so dahin, ohne dass erkennbare Ergebnisse erzielt werden. Jeder im Unternehmen weiß „Ach ja, da gibt es ja dieses Projekt." Aber Näheres weiß man nicht. Und dass dabei auch nichts herauskommt, scheint niemanden zu stören. Alle warten mehr oder weniger nur noch auf ein Machtwort von oben, das dem Projekt ein Ende setzen soll – egal ob mit oder ohne Ergebnis.

Das Projekt hat bis zu einem Fertigstellungsgrad von 90 Prozent einen sehr zügigen und optimistischen Verlauf aufgewiesen. Nun geht auf einmal nichts mehr weiter – obwohl das Team verstärkt wurde und die finanziellen Mittel aufgestockt wurden, bleibt das Projekt stecken.

Das Projekt verläuft mehr oder weniger im Sand. Die Projektorganisation wird aufgelöst und noch zu erledigende Aufgaben werden an irgendeine Stelle aus der Linienorganisation delegiert.

Das Projekt scheitert an einer destruktiven Atmosphäre. Alle Teammitglieder sind nach und nach abgewandert, schließlich schmeißt auch der Projektleiter das Handtuch. Daraufhin wird das Projekt aufgelöst und niemand spricht mehr darüber.

Überzeichnete Fälle? Tatsächlich wird es in der Praxis oft versäumt, Projekte – sogar wenn sie erfolgreich waren – zu einem geregelten und systematischen Abschluss zu führen. Oft passiert dies natürlich, wenn ein Projekt erfolglos war.

Warum wird ein geregeltes Ende oft umgangen?

Eine Rolle spielt sicher, dass bei unbefriedigendem Projektverlauf am Ende niemand mehr motiviert ist und das allgemeine Interesse am Ergebnis gegen Null absinkt. Somit will sich auch keiner mehr die Mühe machen, noch etwas in das Projekt zu investieren – seien es die eigenen Nerven, Zeit oder Geld. Oder niemand im Unternehmen will zugeben, dass ein prestigeträchtiges Projekt letztendlich gescheitert ist –

weder das Team, Projektleiter noch Management fühlen sich bemüßigt unbequeme Wahrheiten zu Tage zu fördern, und so wird das Scheitern einfach verdrängt. Und schließlich kann die Unsicherheit, wie es für die Mitarbeiter nach dem Projekt weitergeht, dazu führen, dass sie am Projekt klammern und die Zielerreichung hinausschieben.

Was haben wir wirklich erreicht?

Jedes Projektende sollte bewusst gestaltet werden - ganz egal, ob die Ziele erreicht wurden oder nicht. Denn nur, wer sich mit positiven wie negativen Ergebnissen auseinander setzt, lernt etwas für die Zukunft. Auch ist der Erfolg in einem Projekt immer relativ zu sehen: Ist ein Projekt auch dann erfolgreich, wenn zwar das gewünschte Ergebnis erzielt wurde, aber die Hälfte aller Beteiligten danach sagen: „Nie wieder!" Oder ist ein Projekt unbedingt gescheitert, wenn sich nach einigen Wochen herausstellt, dass es nicht zu realisieren war, aber alle Beteiligten über diese Notwendigkeit Konsens erzielen konnten?

Als Projektleiter müssen Sie versuchen das Projektende bewusst zu gestalten. Als zweiten Schritt sollten Sie dann Bilanz ziehen, schon allein, um herauszufinden, wie es allen Beteiligten mit dem Projekt ergangen ist. Nur so erfahren Sie auch, was Sie beim nächsten Mal besser machen können. Einige Punkte, die Sie dabei berücksichtigen können:

- Planung bis zum Schluss und Planung des Endes: Was steht noch aus? Was muss noch offiziell beendet werden? Was steht an Nachfolgearbeiten an?
- Durchführen einer Abschlusskontrolle.

- Einigung mit dem Auftraggeber über noch zu erbringende Leistungen, den Abschlusstermin, die offizielle Abnahme des Ergebnisses, Testverfahren und Kontrollen.
- Planung und Durchführung einer Abschlusssitzung, in der alle Ergebnisse im Team analysiert werden. Dabei sollten Sie auch weiche Daten einbeziehen. Was hat das Team, was hat jeder persönlich erreicht?
- Ziehen Sie als Projektleiter auch eine persönliche Bilanz: „Was habe ich gelernt?"
- Klären Sie rechtzeitig bei den verantwortlichen Stellen im Unternehmen, wie es für die Mitarbeiter weitergeht. Führen Sie mit Ihren Mitarbeitern früh genug ein Gespräch über ihre Zukunftsperspektiven.

Feiern Sie!

Ein gelungenes Projekt sollte eine würdigen Abschluss finden. Feiern Sie Ihren Erfolg! Mit einem kleinen Fest in entspannter Atmosphäre wird die ganze Sache abgerundet. Eine eher offizielle Abschlussfeier hebt den Stellenwert des Projekts nochmals hervor und hinterlässt einen guten Eindruck im Unternehmen. Gerade wenn es gegen Ende hin für alle Beteiligten sehr anstrengend war, sollten Sie unbedingt einen positiven Schlussstrich ziehen. Laden Sie Ihr Team und alle betroffenen Mitarbeiter ein, die Vorgesetzten und Abteilungsleiter, Ihren Auftraggeber und natürlich auch Ihren Kunden. Heben Sie in einem Resümee jeden Ihrer Mitarbeiter heraus. Das Projekt ist nur geglückt, weil alle zusammen ein Ziel verfolgt haben. Ermutigen Sie alle, so weiterzumachen. Und lassen Sie sich natürlich auch feiern.

Stichwortverzeichnis

Literatur

Kellner, Hedwig, Projekte konfliktfrei führen. Wie Sie ein erfolgreiches Team aufbauen. München, Wien 2000

dies., Die Kunst, DV-Projekte zum Erfolg zu führen. Budget, Termine, Qualität. München, Wien 2002

Litke, Hans-D., DV-Projektmanagement. Zeit und Kosten richtig einschätzen. München, Wien 1996

Litke, Hans-D., Projektmanagement. Methoden, Techniken, Verhaltensweisen. 3. Auflage, München, Wien 2004